박영규 선생님의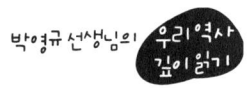

조선사 이야기 1
태조부터 성종까지

그린이 **최상규**

대학에서 일러스트레이션을 공부했습니다. 한국출판미술가협회 주최
일러스트레이션 공모전의 전래동화 부문, LG동아국제만화 페스티벌의 카툰 부문에 입상했습니다.
그동안 《그리스 신화》 《그림 형제 동화》 《만파식적》 《내가 옛날에 태어났다면 어떻게 살았을까》 등의 책에
그림을 그렸고 어린이를 위한 재미있고 멋진 그림을 그리기 위해 노력중입니다.

박영규 선생님의 우리 역사 깊이 읽기
조선사 이야기 1
태조부터 목종까지

1판 1쇄 발행 | 2005. 9. 30
1판 21쇄 발행 | 2019. 4. 27

박영규 글 | 최상규 그림

발행처 김영사 | 발행인 고세규
등록번호 | 제406-2003-036호
등록일자 | 1979.5.17
주 소 | 경기도 파주시 문발로 197 (우10881)
전 화 | 마케팅부 031-955-3100 편집부 031-955-3113~20
팩 스 | 031-955-3111

ⓒ 2005 박영규
이 책의 저작권은 저자에게 있습니다.
저자와 출판사의 허락 없이 내용의 일부를 인용하거나 발췌하는 것을 금합니다.

값은 표지에 있습니다.
ISBN 978-89-349-1925-4 73900
ISBN 978-89-349-1949-0 (세트)

좋은 독자가 좋은 책을 만듭니다. 김영사는 독자 여러분의 의견에 항상 귀 기울이고 있습니다.
독자의견전화 031-955-3139 | 전자우편 book@gimmyoung.com | 홈페이지 www.gimmyoungjr.com
어린이들의 책놀이터 cafe.naver.com/gimmyoungjr · 드림365 cafe.naver.com/dreem365

어린이제품 안전특별법에 의한 표시사항
제품명 도서 제조년월일 2019년 4월 27일 제조사명 김영사 주소 10881 경기도 파주시 문발로 197
전화번호 031-955-3100 제조국명 대한민국 ⚠️주의 책 모서리에 찍히거나 책장에 베이지 않게 조심하세요.

박영규 선생님의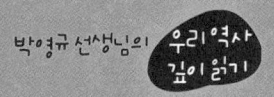

조선사 이야기 1
태조부터 성종까지

주니어김영사

어린이들의 '깊은 역사 읽기'를 위하여

　《한권으로 읽는 조선왕조실록》을 출간한 이후로 줄곧 어린이들을 위한 역사책을 집필해 달라는 요청을 받아왔다. 어린이들을 위한 역사책이 꼭 필요하다고 생각하면서도 매달려 있던 일들이 많아 좀처럼 시간을 내지 못해 그 일을 계속 미뤄오기만 하다 드디어 첫 번째 결실을 맺게 되었다.

　사람들은 우리 역사를 접할 때 고조선에서부터 삼국시대를 거쳐 고려, 조선 순으로 읽는다. 하지만 이런 식으로 역사 공부를 하게 되면 싫증을 내기 쉽다. 고조선이나 삼국시대의 역사는 지금으로부터 천 년도 더 된 오래 전의 이야기다. 그러니 우리에게는 낯설고 어려울 수밖에 없다. 그래서 나는 역사를 접할 때 오히려 시간을 반대로 거슬러 오르는 방법을 택하라고 권한다.

　조선사는 비교적 우리에게 친근한 역사다. 그 때문에 그 이전의 역사에 비해 이해하기도 쉽다. 따라서 조선사를 먼저 읽으면 고려사를 이해하는 데에도 많은 도움이 된다. 5천 년 통사 중 《조선사 이야기》를 가장 먼저 출간한 이유는 바로 여기에 있다.

　사실, 우리가 조선시대를 잘 알고 있는 것 같지만, 세세하게 아는 것은 별로 없다. 그저 대충 테두리만 아는 경우가 대부분이다. 거기다 때로는 잘못된 내용을 접하는 경우도 많다.

　지식이란 머릿속에 한번 들어가면 고쳐지기 힘들다. 그래서 처음 접할 때 제대로 아는 것이 매우 중요하다. 특히 사실을 기초로 만들어진 역사 지식은 무엇보다도 정보의 정확성이 생명이다.

특히 어린이들을 위한 역사책은 정확한 내용을 담고 있어야 한다. 어릴 때 한 번 잘못 배운 지식은 어른이 되어서도 고쳐지기 어렵기 때문이다. 그래서 이 책을 쓰면서 무엇보다도 역사 내용을 정확하게 전달하는 데 주력했다.

흔히 어린이 책이라고 하면 깊이가 없는 경우가 많다. 또 너무 쉽게 이해시키려고 하다 보니 쉬운 단어만 골라 쓰기도 한다. 그런데 이렇게 하면 정말 알아야 하는 역사 용어를 모르게 될 수 있다.

이런 문제를 해결하기 위해 필자는 비록 어린이 책이라고 하더라도 꼭 필요한 역사 용어는 그대로 썼다. 대신 바로 옆에 그 용어에 대한 풀이를 해놓았다. 또 본문 중에 어떤 인물이 등장하면 그 인물에 대해서도 별도의 정보를 만들어 놓았다. 그래서 읽는 사람이 보다 깊고 넓게 알도록 만들었다.

하지만 지식이란 깊이 읽을수록 재미있는 법이다. 또 아는 것이 많아야 이해가 빠르다. 특히 역사 지식은 깊고 넓게 읽는 버릇을 들여야 한다.

역사는 단순히 과거를 아는 일이 아니다. 그 과거를 앎으로 해서 현재를 이해하고 미래를 준비하는 것이다. 그러므로 역사를 배우는 일은 과거의 정보를 기반으로 현재를 효율적으로 이끌고 미래를 여유 있게 준비하는 기반을 다지는 것이다.

어린 시절에 역사에 대한 풍부한 지식을 가지는 것은 매우 중요하다. 과거의 문화에 대한 풍요로움을 몸에 익히고 자신에게 닥친 현실을 현명하게 헤쳐나가는 지혜를 주기 때문이다.

필자가 이 책에 풍부한 정보를 담아, 보다 깊이 있는 역사적 시각을 마련해주고자 하는 의도 또한 바로 여기에 있다. 모쪼록 이 책이 어린이들의 역사 지식 향상에 좋은 밑거름이 되었으면 한다.

박영규

차례

제1대 태조실록
조선왕조를 일으킨 태조 8

태조 가계도 28
태조의 생애 30
태조의 왕비 32

제2대 정종실록
허수아비 왕 정종 36

정종 가계도 42
정종의 생애 43
정종의 왕비 45

❀ 조선사 깊이 읽기
조와 종의 차이는 무엇일까? 46

제3대 태종실록
조선왕조의 초석을 다진 태종 48

태종 가계도 64
태종의 생애 66
태종의 왕비 68

제4대 세종실록
왕도정치를 실현시킨 위대한 성군 세종 70

세종 가계도 108
세종의 생애 110
세종의 왕비 112

❀ 조선사 깊이 읽기
집현전에서는 어떤 일을 했을까? 114

제5대 문종실록
병으로 뜻을 펼치지 못한 문종 116

문종 가계도 118
문종의 생애 120
문종의 왕비 122

제6대 단종실록
비운의 왕 단종 124

단종 가계도 136
단종의 생애 138
단종의 왕비 139

제7대 세조실록
강한 왕권을 실현한 세조 140

세조 가계도 148
세조의 생애 150
세조의 왕비 152

❀ 조선사 깊이 읽기
조선왕조실록은 어떻게 편찬되었나? 154

제8대 예종실록
조선왕조의 수렴청정을 시작하게 한 예종 156

예종 가계도 160
예종의 생애 161
예종의 왕비 162

제9대 성종실록
태평성대를 이룩한 성종 164

성종 가계도 168
성종의 생애 170
성종의 왕비 172

제1대 태조실록

조선왕조를 일으킨 태조

태조시대의 세계 약사

동아시아의 중국에서는 원나라가 밀려나고 명나라가 일어나 세력을 확대하기 시작했으며, 일본에서는 남북이 천황의 혈통을 합일하고, 천황을 북조 계통으로만 세습하도록 했다.
한편, 유럽의 프랑스에서는 부르고뉴파와 오를레앙파의 싸움이 벌어졌고, 독일에서는 한자동맹이 체결되었으며, 영국의 리차드 2세와 프랑스의 왕녀 이사벨라가 결혼함으로써 두 나라는 화해 국면을 맞이했다.

패배를 모르는 전쟁 영웅 이성계

조선을 세운 이성계는 고려가 원나라의 지배를 받던 1335년 함경남도 영흥에서 태어났다. 그의 아버지 이자춘[1]은 원나라[2]의 관리였고, 어머니는 영흥의 세력가 최한기의 딸이었다. 두 사람의 결혼으로 이성계 집안은 함경도 지역에서 가장 힘이 있는 고려인 가문 중에 하나가 되었다.

이성계의 조상은 원래 전라도 전주 사람인데, 고려 말기에 이성계의 고조부 이안사가 원나라에 귀순하여 두만강 근처에서 벼슬살이를 했다. 이후로 이안사의 아들 행리, 손자 춘, 증손자 자춘(이성계의 아버지)이 차례로 벼슬을 물려받았다.

이자춘은 원나라 총관부가 있던 쌍성(지금의 함흥)에서 천호[3]

라는 벼슬을 했는데, 당시 원나라 관리들과 별로 사이가 좋지 않았다. 원나라 관리들은 이자춘이 고려인인 주제에 감히 귀족 행세를 하는 것을 못마땅하게 생각했고, 이자춘은 그 때문에 몹시 기분이 상했다.

그때 중국에서는 주원장[4]이란 인물이 홍건적[5]을 일으켜 세력을 키우고 있었고, 원나라는 홍건적과의 싸움에서 번번이 패하여 어려움에 처해 있는 상황이었다.

한편, 고려의 공민왕[6]은 그 틈을 노려 원나라로부터 독립하려 했다. 그 사실을 알고 이자춘은 은밀히 공민왕을 찾아가 말했다.

"전하! 쌍성총관부[7]를 공격하소서. 그러면 신이 돕겠나이다."

공민왕은 이자춘을 아주 반갑게 맞이하였다.

"오, 정녕 그대는 충신이로다."

1356년, 공민왕은 이자춘의 도움을 받아 쌍성총관부를 공격하여 무너뜨렸다. 이것은 100년 만에 나라의 주권을 회복한 중대 사건이었다.

이성계는 어릴 때부터 영리하고 용기가 대단했으며, 활을 잘 쏘아 명궁이라는 소리를 들었다. 게다가 쌍성총관부를 함락시킬 땐 22세의 청년 장수로서 선봉에 서서 원나라 군대를 무찔렀다.

공민왕은 공을 세운 이자춘에게 삭방도[8](지금의 함경남도와 강원 북부) 병마사[9]라는 벼슬을 내렸다. 이성계는 병마사인 아버지 밑에서 군대를 이끌며 홍건족과 원나라 군대를 상대로 싸웠다.

1. 이자춘 (1315~1360)
태조 이성계의 아버지다. 그는 원나라 총관부가 있던 쌍성에서 벼슬을 하다가 공민왕이 원나라를 몰아내려 할 때 쌍성총관부를 함락하는 데 가담하여 공을 세웠다.

2. 원나라 (1279~1368)
13세기에 중국 전역은 물론 동아시아 전역을 정복했던 나라로, 몽골의 영웅인 칭기즈칸의 손자 쿠빌라이가 세웠다. 역사상 최대의 영토를 자랑하다가 14세기 중엽에 무거운 세금과 잦은 부역에 반발하여 일어난 홍건적에 의해 멸망했다.

3. 천호
고려시대 무관직의 하나. 만 가구를 다스리면 만호, 천 가구를 다스리면 천호, 백 가구를 다스리면 백호 등으로 불렸다. 그러다가 차차 가구 수와 관계없이 장수의 직책과 품계로 변하였다.

4. 주원장 (1328~1398)
중국을 300년 동안 지배했던 명나라의 초대 황제이다.

5. 홍건적
중국 원나라 말기에 일어난 한족 중심의 반란군. 머리에 붉은 두건을 둘러 표시를 해서 홍건적이라 불렀다.

6. 공민왕 (1330~1374)
고려 제31대 왕. 재위 기간 1351~1374년. 그는 원나라가 망하고 명나라가 일어서려는 정권 교체기를 이용하여 원나라의 지배에서 벗어나 고려의 중흥을 꾀하려 하였다.

홍건적과 황건적의 차이
홍건적은 원나라 말기에 일어난 한족 중심의 반란군으로서 머리에 붉은 두건(홍건)을 두른 것이 특징이다. 반면에 황건적은 서기 184년부터 204년 사이에 '황건의 난'을 일으킨 비밀 결사로 한나라의 몰락을 가져왔다.

이성계는 싸움에 나가서 패배한 적이 없었고, 그 때문에 적들은 이성계의 이름만 들어도 도망가기에 바빴다.

1360년, 병을 앓고 있던 이자춘이 세상을 떠나자 이성계는 아버지의 벼슬을 이어받아 병마사가 되었다.

그 무렵, 국제 정세는 매우 혼란스러웠다. 중국에서는 홍건적의 우두머리 주원장이 원나라를 공격하여 중국 땅의 절반 이상을 장악하였고, 남쪽에서는 왜구[10]들이 일어나 고려와 중국 땅을 노략질하였다.

이때 북쪽에서는 원나라 군대를 이끌고 있던 여진족[11] 출신 장수 나하추[12]가 고려를 치기 위해 호시탐탐 기회를 노리고 있었으며, 설상가상으로 북쪽 변경을 지키고 있던 박의라는 장수가 반란[13]을 일으켰다. 이성계는 군대를 이끌고 가서 단숨에 박의를 진압했다.

그런데 이번에는 북쪽에서 10만 명의 홍건적이 쳐들어와 고려의 수도인 개성을 공격하였다. 그 소식을 듣고 이성계는 군사 2천 명을 이끌고 밤 새워 말을 달렸고, 그가 개성에 도착했을 때는 도성이 함락되기 직전이었다.

도성에서는 안우와 정세운이 이끄는 고려군대가 개성을 탈환하기 위해 전력을 정비하고 있었다. 이성계는 그들에게 말했다.

"저를 선봉에 세워주십시오. 반드시 적진을 뚫겠습니다."

이성계는 약속대로 가장 먼저 적진을 뚫었다. 그가 동문을 공격하여 성 안으로 진격하자, 당대의 명장 최영의 부대가 합세하여 홍건적을 무너뜨리고 도성을 되찾았다.

이성계가 그렇게 승전고를 울리고 있을 때, 북쪽에선 나하추가 고려 침략을 준비하며 소리쳤다.

"기회는 지금이다. 고려 놈들은 홍건적 때문에 정신이 없을 게다. 이때 공격을 개시하면 거저먹기 아니겠어."

1362년, 나하추는 수만의 군대를 거느리고 두만강을 넘었다. 그 소식이 전해지자, 공민왕은 근심어린 얼굴로 신하들을 둘러보았다.

"홍건적 때문에 힘을 다 썼는데, 나하추는 또 어떻게 막는단 말이냐?"

그러자 신하들이 입을 모아 말했다.

"이성계에게 맡기소서. 그는 용맹하여 나하추를 막아낼 것입니다."

공민왕은 즉시 이성계에게 사신을 파견하여 명령했다.

"그대를 동북면 병마사로 삼으니, 적군 나하추 군대를 섬멸하라!"

한편, 이성계가 병마사 벼슬을 제수(추천을 받지 않고 왕이 바로 벼슬을 줌)받던 그때, 나하추는 군대를 이끌고 와서 고려 북방 땅을 유린(함부로 짓밟음)하고 있었다. 이성계가 부하들을 이끌고 달려가 북방에서 아군을 이끌고 있던 장수에게 패한 원인을 물었다.

"도대체 싸울 때마다 참패한 원인이 무엇이냐?"

부하 장수가 대답했다.

---

7. 쌍성총관부
고려 후기에 몽고가 고려의 영흥(원산 위쪽 함흥지방) 이북지방을 직접 통치하기 위하여 설치했던 기관이다.

8. 삭방도
고려 때 지방관제 중 10도의 하나로 지금의 함경남도와 강원 북부지역을 일컫는다.

9. 병마사
병마사는 지방의 군대를 지휘하는 지휘관으로, 요즘의 사령관에 해당하는 벼슬이다.

10. 왜구
일본 해적을 일컫는 말. 13세기에서 16세기에 걸쳐 대마도를 근거지로 우리나라와 중국 근해를 약탈하곤 했다.

11. 여진족
만주 동부에 살던 퉁구스 계통의 민족이다. 말갈족, 여진족, 만주족 등으로 불리웠으며 금나라, 후금, 청나라를 세웠다.

12. 나하추 (?~1388)
여진족 출신의 원나라 장수이다. 이성계가 동북면 병마사가 되어 그를 격퇴시켰다.

"적장 한 놈이 철갑을 입고 붉게 칠한 쇠꼬리로 투구를 장식한 채 창을 휘두르면서 돌진해오는데, 놈의 창술이 워낙 뛰어나 대적하는 우리 장수가 모두 패했기 때문입니다."

그 말을 듣고 이성계는 홀로 말을 타고 적진으로 달려가 소리쳤다.

"나는 고려의 이성계다. 쇠꼬리를 뒤집어쓰고 겁 없이 날뛰는 놈이 누구냐?"

그러자 적진에서 철갑장수가 말을 타고 나오며 소리쳤다.

"어떤 놈이 감히 어른을 놀리느냐! 네놈이 정녕 죽고 싶은 모양인데, 한칼에 목을 베어주마."

철갑장수가 무섭게 달려오자, 이성계는 달아나는 척 말머리를 돌렸다. 기세가 살아난 철갑장수가 소리쳤다.

"이성계 이놈, 비겁하게 달아날 작정이냐!"

철갑장수는 더욱 속도를 내서 마침내 이성계 바로 옆까지 쫓아와 창을 휘둘렀다. 하지만 이미 적의 움직임을 예상하고 있던 이성계는 속도를 줄이고 몸을 뒤로 젖히며 소리쳤다.

"어림없지!"

이성계는 창을 피한 다음 칼로 적장의 말 다리를 내리쳤다. 그 바람에 말이 넘어지면서 철갑장수도 땅에 나뒹굴었다. 그때를 놓치지 않고 이성계는 화살을 날려 철갑장수를 쓰러뜨렸다.

그 광경을 지켜보던 나하추는 몹시 당황하며 뒷걸음질쳤고, 반대편에서 지켜보던 고려군은 사기충천하여 함성을 지르며 달려 나왔다. 그 기세에 눌린 나하추는 군대를 돌려 달아나기 바빴다.

이성계의 용맹에 눌려 밀려난 나하추는 패배를 만회할 기회를 엿보았다. 그리고 이성계에게 사신을 보내 만나자고 제의했다. 이성계가 만나주기만 하면 군대를 이끌고 돌아가겠다고 했지만 그것은 속임수였다. 이성계는 나하추의 속임수를 알고 있었지만 일부러 속아주는 체 하였다. 나하추는 그 사실도 모르고 군대를 매복시켜 이성계를 죽이려고 하다가 오히려 역공을 받아 달아나야만 했다.

쫓겨가던 나하추는 겨우 수하 몇 명과 함께 심양으로 달아났다가, 얼마 뒤에 주원장이 이끌고 있던 홍건적에게 항복하고 말았다.

나하추가 패전하여 홍건적에게 항복하자, 원나라 황제 순종은 분통을 터뜨리며 당시 원나라에 머물고 있던 충선왕의 서자 덕흥군을 고려왕에 봉하였다. 그리고 원나라에 아부하던 고려인 최유[14]에게 군대 1만 명을 맡겨 공격해왔지만, 역시 이성계의 군대에게 패배하고 돌아갔다.

이성계는 이후로도 여러 전쟁에서 승리하였다. 1370년에는 만주 지역을 점령하기 위해 원나라 동녕부[15]를 공격하였고, 1376년에는 왜구가 충청도 공주를 함락시키며 무섭게 세력을

13. 박의의 반란

공민왕 10년(1361년) 9월에 독로강 만호 박의가 천호인 임자부와 김천룡을 죽였다. 왕은 형부상서 김진에게 명하여 토벌하게 하였으나 김진이 그를 제압하지 못하였다. 이때 금오위 상장군이었던 이성계가 병사 1500명을 거느리고 달려가 박의를 제압하고 난을 평정하였다.

14. 최유 (?~1364)

고려 말의 반역자. 1342년 왕을 따라 원나라에 가서 시종한 공으로 일등공신이 되었다. 원나라 군사 1만 명을 이끌고 와 공민왕을 폐하려 하였으나, 이성계와 최영의 연합부대에게 패하였다. 이후 원나라에 원병을 요청했으나, 원의 황제는 오히려 그를 체포해 고려로 돌려보냈고, 결국 사형에 처해졌다.

15. 동녕부

고려 서경(평양)에 설치된 원나라 통치기관을 가리킨다. 1370년경에 원나라는 동녕부를 요성성으로 옮겨간다.

16. 위화도 회군 (1388)

위화도는 의주의 압록강 하류에 있는 섬이다. 당시 우왕의 명령으로 요동을 공격하기 위해 출정하였던 이성계는 위화도에서 장마를 만나 압록강을 건너기가 어렵게 되었다. 이에 이성계는 사불가론을 들어 요동정벌의 불가함을 상소하였으나, 조정에서 듣지 않고 강력하게 진군할 것을 명하자, 조민수와 의논하여 군사를 돌려 개성으로 돌아왔다.

떨치자 군사를 남쪽으로 몰고 가 왜구 토벌에 나섰다. 그 결과 경상도, 전라도 일대와 지리산에서 왜구를 대파하였고, 1380년에는 왜구의 소년장수 아기바투를 섬멸하기도 하였다. 또 1382년에는 여진족 장수 호바투가 노략질을 일삼자, 동북면 도지휘사가 되어 이를 물리쳤으며, 1385년에는 함흥에 쳐들어온 왜구를 물리쳤다.

그렇게 이성계는 전쟁에서 이길 때마다 벼슬이 올라갔다. 1362년에 동북면 병마사가 된 뒤로 1382년에는 동북면 도지휘사가 되었고, 1384년에는 동북면 도원수가 되었으며, 1388년에는 지금의 부총리에 해당하는 수문하시중이 되었다.

위화도 회군[16]과 고려왕조의 최후

이성계가 왜구를 무찌르고 있는 사이, 중국에서는 홍건적의 우두머리 주원장이 명나라[17]를 세워 원나라를 몽골로 쫓아냈다. 명나라를 세운 주원장은 고려 땅에도 욕심을 냈다.

"원나라가 원래 고려의 철령 이북을 다스렸으니, 우리도 그 땅을 다스려야겠다. 고려왕에게 알려라. 만약 그 땅을 내놓지 않으면 대군을 이끌고 쳐들어가겠다고."

이때 고려에서는 공민왕이 죽고, 그의 아들인 우왕[18]이 왕위에 올라 있었다. 주원장이 고려 땅을 차지하려 한다는 소식을 듣고 우왕이 걱정스럽게 말했다.

적자, 서자, 얼자

조선시대 이전에는 남자들이 여러 아내를 거느리는 경우가 많았는데, 원래 아내를 본부인이라 하고 나머지 아내를 첩이라고 한다. 적자는 본부인에게서 태어난 아들이고, 서자와 얼자는 첩에게서 태어난 아들이다.

"이 일을 어쩐단 말인가?"

그러자 당대의 맹장으로서 지금의 총리에 해당하는 문하시중 벼슬에 올라 있던 최영이 대답했다.

"우리가 먼저 저들을 선제공격하여 기를 꺾어야 합니다. 요동을 공격하는 것이 좋을 듯 합니다."

우왕이 물었다.

"이길 가능성이 있겠소?"

"물론입니다. 요동 땅을 먼저 공격하면 저들도 맥을 추지 못할 것입니다."

우왕도 최영의 말에 힘을 얻어 자신감을 보였다.

"자, 신하들은 들으라. 우리는 이제 요동을 공격하여 저 오만한 주원장을 응징하리라."

하지만 요동정벌[19]을 반대하는 신하들도 많았다. 그 중에 대표적인 인물이 이성계였다. 이성계는 명나라가 워낙 큰 나라이기 때문에 고려의 군대로는 그들을 이길 수 없다고 생각했다. 그리고 영토 문제는 사신을 파견하여 외교적으로 해결하는 것이 옳다고 주장하였다.

그러자 최영이 이성계에게 호통을 쳤다.

"그대는 어찌하여 그렇게 나약해졌는가?"

최영 장군 초상

최영(1316~1388)은 고려 말의 명장이자 명재상이다. 풍채와 힘이 뛰어났으며, 왜구를 토벌하여 장수가 되었다. 요동정벌을 단행하였으나, 반란을 일으킨 이성계에 의해 귀양을 갔다가 참수(목잘림)당했다.

전쟁기념관 소장

주원장이 비록 큰 땅을 차지했으나, 아직까지 명나라는 오합지졸이다. 우리가 먼저 공격하여 기선을 제압하면 충분히 승산이 있다."

그리하여 드디어 고려군은 요동정벌에 나섰다. 우왕은 최영을 팔도도통사(사령관)로 삼고, 좌군도통사에 조민수[20], 우군도통사에 이성계를 임명했다. 그리고 출병식을 거행했으니, 이때가 1388년 4월이었다. 출병 직전에도 이성계는 요동정벌이 무리라고 주장하며 반대하는 상소를 올렸지만, 우왕은 받아들이지 않았다.

출병한 지 한 달이 지난 5월, 고려군 4만 3천 병력은 압록강 가운데 있는 섬인 위화도에 머물며 공격의 기회를 엿보고 있었다. 하지만 불행히도 그때 장마가 시작되어 압록강의 물이 불어나 병사들이 갇히는 신세가 되었다. 이성계는 급히 우왕에게 사불가론[21]을 들어 철수 명령을 내려줄 것을 청했다.

"전하, 급히 철수하지 않으면 모두 강물에 빠져 고기밥이 될 것입니다."

하지만 우왕은 이를 허락하지 않았다. 그러자 이성계는 좌군도통사 조민수를 급히 만나 말했다.

"이렇게 있다간 모두 물에 빠져 죽고 말 것이오. 또한 병영에 이미 전염병이 돌고 있소. 어디 그뿐이오? 더위 때문에 아교가 녹아 활을 쓸 수가 없는 지경이오."

조민수도 걱정스런 얼굴로 말했다.

"우리 부대도 마찬가지요. 어떻게 했으면 좋겠소?"

---

17. 명나라 (1368~1644)
몽골족이 세운 원나라를 무너뜨리고 다시 한족이 지배하는 왕조를 세운 나라로, 만주족이 세운 청나라가 등장할 때까지 중국을 지배했다.

18. 우왕 (1365~1389)
고려의 제32대 왕.

19. 요동정벌
공민왕이 고려 땅을 안전하게 지키고, 고구려의 국토회복을 위해 벌인 대규모 북진정책. 1369년에 이성계의 군대가 요동 동녕부를 공격해 장악했지만 넓은 땅을 관리할 역량이 부족해서 1370년 이후에는 주인없는 땅이 되었다.

그 말을 듣고 이성계가 제의했다.

"이번 전쟁은 처음부터 무리한 계획이었소. 설사 우리가 요동을 정벌한다손 치더라도 그 이후에 저 엄청난 명나라 군대를 무슨 힘으로 막아내겠소?"

결국, 이성계와 조민수는 의기투합하여 군대를 이끌고 위화도에서 빠져 나왔다. 그리고 곧장 개성으로 군대를 몰았다.

개성에 당도한 이성계와 조민수는 궁궐을 수비하고 있던 최영의 부대를 공격했다. 최영은 강력하게 맞섰지만 패배하고 말았다. 패배한 최영은 고봉현(지금의 고양)으로 유배되었다가 처형되었고, 우왕 또한 폐위되어 강화도로 유배되었다.

우왕이 폐위되자, 이성계와 조민수가 각각 좌시중과 우시중을 맡아 조정을 장악했다. 그런데 이들은 다음 왕을 세우는 문제를 놓고 서로 의견이 달랐다.

조민수는 우왕의 아들 창이 있으니 그를 왕으로 세워야 한다고 주장했고, 이성계는 역사상 폐위한 왕의 아들을 왕으로 세운 적이 없다며 반대했다. 이성계는 왕족 중에 덕이 있고 학식이 있는 인물을 선택하여 왕으로 세워야 한다고 생각했던 것이다.

그러자 조민수는 당시 정계의 원로이자 학자로 이름이 나 있던 이색[22]을 찾아가 말했다.

"이성계 그 사람은 도저히 말이 통하지 않소이다. 어린 창을 왕으로 세우면 그와 내가 조정을 맡으면 되는데, 왜 반대하는지 모르겠소이다. 아무래도 대감께서 나서 주셔야겠습니다."

20. 조민수 (?~1390)
고려 말기의 무신으로 홍건적과 왜구의 침입을 물리친 공이 컸다.

21. 사불가론(四不可論)
이성계가 요동정벌의 부당성을 주장하며 올린 상소로, 아래와 같은 내용을 주장하였다.
첫째, 작은 나라가 큰 나라를 거스르는 것이 옳지 않다.
둘째, 여름철에 군사를 동원하는 것이 부적당하다.
셋째, 요동 공격의 틈을 타 남쪽에서 왜구가 침입할 우려가 크다.
넷째, 무덥고 비가 많이 와 활의 아교가 녹아 쓸 수 없으며, 병사들도 전염병에 걸릴 위험이 높다.

22. 이색 (1328~1396)
고려 말의 대표적인 문신이자 대학자. 조선 건국 후에 그의 재주를 아깝게 여긴 태조가 조정에 불러들였으나 그는 끝내 거절하였다. 조선 초의 대학자인 권근, 변계량 등이 그의 제자들이다.

23. 창왕 (1380~1389)
고려의 제33대 왕으로 우왕의 아들이다.

24. 정도전 (1337~1398)
고려 말~조선 초에 걸쳐 활동한 정치가이자 학자. 1392년 조준, 남은 등과 함께 이성계를 추대하여 조선 왕조를 세운 주역으로, 정권과 병권을 한 손에 움켜쥐는 요직에 앉았다.

25. 조준 (1346~1405)
고려 말~조선 초의 문신. 조선 개국 후에는 정도전과 의견을 달리하여 그와 대립하였다.

26. 남은 (1354~1398)
고려 말~조선 초의 문신으로 정도전과 더불어 이성계 일파의 중심인물이다. 1388년, 요동정벌에 이성계를 따라 종군하였다가 위화도에서 이성계에게 회군할 것을 조언하였다.

이색은 곧 공민왕의 제3비인 익비 한씨를 찾아갔다.

"세자 창을 왕으로 세워야 합니다. 그래야 폐왕을 복위시킬 수 있습니다. 여기 국새가 있으니, 직접 세우소서."

국새를 받아든 익비는 세자 창을 왕으로 세웠으니, 그가 곧 창왕[23]이다. 당시 창왕의 나이는 불과 9세였다.

창왕이 왕위에 오르자, 이성계 세력은 몹시 불안했다. 이성계는 자신과 친한 정도전[24], 조준[25], 남은[26] 등을 불러놓고 말했다.

"창이 왕위에 올랐으니, 언제 폐왕(우왕)이 복위할 지 모르는 일이오."

논의 끝에 그들은 창왕을 쫓아내기로 했다. 하지만 조민수가 버티고 있어 쉽지 않은 일이었다. 이때 조준이 말하였다.

"내게 계책이 있소이다."

조준은 당시 요즘의 검찰총장과 감사원장을 겸한 직책에 해당하는 대사헌의 지위에 있었다. 당시 급진개혁파였던 그는 1388년 7월에 토지개혁에 대한 상소를 올렸는데, 대개의 신하들이 찬성했으나 조민수가 반대했다. 그 점을 빌미삼아 조준은 조민수의 과거 행적을 들춰내 강력하게 비판했고, 여러 신하들이 조준의 의견에 찬성한 덕에 결국 조민수를 유배시킬 수 있었다.

당시 시중 자리는 이색이 차지하고 있었는데, 조민수가 쫓겨나자 그는 몹시 불안했다.

"이대로 있다간 목 달아나는 일만 남겠어."

이색은 위기에서 벗어나기 위해 창왕에게 명나라 황제를 만날 것을 주청(왕에게 간청함)했지만 실패로 돌아가고 말았다. 그러자 그는 곧 조정에 사직서를 제출했다.

그때 정도전이 이성계를 찾아와 말했다.

"이제 이색도 사라졌으니, 저 어린 왕도 내쫓아야 하지 않겠습니까?"

하지만 이성계는 창왕을 쫓아낼 명분이 마땅치 않다며 고민했다. 이에 정도전이 말했다.

"명분이 왜 없습니까. 원래 우왕은 공민왕이 궁궐 밖에서 데려온 아들인데, 반야라는 여자에게서 태어났습니다. 반야는 원래 요승 신돈[27]의 첩이니, 우왕은 당연히 신돈의 자식이 아니겠습니까."

신돈은 공민왕 대의 승려로 공민왕의 요청에 의해 토지개혁을 이끌었던 인물이다. 하지만 그의 개혁 정책은 귀족들의 반발을 사게 되었고, 결국 쫓겨나 죽은 인물이었다. 이성계 일파는 우왕을 신돈의 자식으로 몰아붙여 원래부터 우왕과 창왕은 왕족이 아니라고 주장할 속셈이었다.

이 일을 위해 정도전은 당시 조정에서 막대한 세력을 형성하고 있던 정몽주[28]를 만났다.

두 사람은 성균관에서 함께 공부했지만 사이는 별로 좋지 않았다. 거기다 정몽주는 정도전과 이성계 일파를 경계하고 있었다. 하지만 창왕을 못마땅하게 생각하는 점에선 같은 의견이었기에 만나게 된 것이다.

27. 신돈 (?~1371)
공민왕 때 개혁을 담당하였던 승려. 신돈에게 정사를 맡기고 정치 일선에서 물러나 있던 공민왕이 친히 정치할 뜻을 밝힌 이듬해에 역모를 꾀한다는 혐의를 받아 수원으로 유배되었다가 죽임을 당했다.

28. 정몽주 (1337~1392)
고려의 충신이자 대학자. 정도전 일파가 이성계를 추대하여 새로운 왕으로 세울 것을 염려하던 중 개성의 선죽교에서 이방원이 보낸 자객에게 피살되었다.

29. 공양왕 (1345~1394)
고려의 제34대 왕이자 마지막 왕이다.

30. 역성혁명(易姓革命)
통치자가 민심을 잃었을 때 물리적인 힘으로라도 왕조를 교체하여 새 왕조를 열어야 한다는 맹자의 사상을 바탕으로 한 것으로, 고려 말 정도전에 의해서 주창되었고 실천되었다.

결국, 이성계 일파와 정몽주 일파는 1389년 11월에 창왕을 내쫓고 새로운 왕을 세웠는데, 그가 고려의 마지막 왕인 공양왕[29]이다. 공양왕은 고려 제20대 왕인 신종의 7세손이었다. 공양왕을 세운 정몽주와 이성계는 강화도에 유배되어 있던 우왕과 창왕을 함께 죽였다.

공양왕이 즉위한 뒤 고려 조정은 고려왕조를 무너뜨리고 새로운 나라를 세워야 한다는 역성혁명[30]파와 고려왕조를 유지하면서 개혁을 지속시켜야 한다는 고려개혁파로 갈라졌다.

역성혁명파의 우두머리는 이성계였으며 그 아래로 정도전, 남은, 조준 등이 있었고, 고려개혁파의 우두머리는 정몽주였으며 이숭인, 이종학 등이 그를 따르고 있었다.

상황이 이렇다보니, 공양왕은 자연스럽게 정몽주와 가까웠다. 정몽주는 공양왕에게 이성계 일파가 언제 반역을 도모할지 모르니 경계해야 한다고 말하였다.

그런 가운데 정몽주는 마침내 이성계를 제거할 기회를 얻었다. 1392년 3월, 공양왕의 세자가 명나라에 갔다가 돌아오는 길에 황주에서 이성계와 함께 사냥을 했다. 그런데 이성계가 사냥 중에 말에서 떨어져 허리를 크게 다쳐 움직이지 못하는 상황이 되었다.

그 소식을 듣고 정몽주가 공양왕을 찾아가 말했다.

"마침내 저 불온한 무리들을 제거할 기회가 왔습니다. 이성계가 없는 틈을 이용하여 그 수족들을 잘라내소서."

공양왕은 즉시 조정에 명령하여 정도전, 남은, 조준 등의 이성계 측근들을 모두 유배시켜 버렸다.

　황주에서 있던 이성계는 그 소식을 듣고 깜짝 놀라 대책을 마련하기 위해 고심했다. 이성계는 다섯째 아들 방원을 불러 개성으로 갈 것을 재촉했다. 이방원은 아버지 이성계를 가마에 태우고 밤을 새워 개성으로 갔다.

　개성에 도착한 이성계는 부하들을 모아놓고 대책을 짰지만, 마땅한 계책이 떠오르지 않았다. 결국 이방원은 수하인 조영규[31]를 불러 은밀히 말했다.

　"오늘 밤에 길목을 지키고 있다가 정몽주를 쳐 죽여라."

　그날 밤 조영규는 수하들을 거느리고 선죽교 근처에 숨어 있다가 정몽주가 지나가자 철퇴로 머리를 쳐서 죽였다.

　정몽주가 죽자, 이성계는 즉시 귀양 간 정도전, 남은, 조준 등을 조정으로 불러 올렸다. 그러자 정도전이 말했다.

31. 조영규 (?~1395)
고려 말~조선 초의 무신. 이성계를 추대하여 개국공신의 반열에 올랐다.

선죽교 전경

선죽교는 현재 개성시 선죽동 자남산 기슭의 작은 개울에 남아 있다. 옛날에는 선지교라 하였다. 그러나 정몽주가 흘린 피에서 대나무가 자라 대나무 죽(竹)자를 넣어 선죽교라 부르게 되었다. 다리 동쪽에는 한석봉의 글씨가 새겨진 비가 있다. 이 곳에는 아직도 정몽주의 핏자국이 남아 있다고 한다.

"이젠 왕을 폐위하고 새로운 나라를 세웁시다."
1392년 7월, 결국 정도전, 남은, 조준 등을 주축으로 한 이성계 일파는 공양왕을 내쫓고 이성계를 새 왕으로 추대하여 조선왕조를 열었다.

한편, 유배된 공양왕은 유배지를 떠돌다 삼척에서 죽임을 당했고, 수많은 고려의 왕족들은 배에 태워져 강제로 바다에 수장되었다. 그때 죽지 않은 사람들은 산으로 숨어 들어가 성을 바꾸고 살아야 했다. 이리하여 고려 왕족인 개성 왕씨는 거의 멸족하고 말았다.

이방원의 난과 함흥으로 쫓겨간 이성계

태조 이성계의 조선 개국에 가장 공이 컸던 인물은 정도전과 이방원(태종)이었다. 정도전은 이성계의 혁명동지이자 정치 이론가였고, 이성계의 다섯째 아들 이방원은 혁명의 가장 큰 걸림돌이었던 정몽주를 제거하여 이성계와 정도전을 비롯한 역성혁명파를 위기에서 구해준 인물이었다.

이렇듯 두 사람은 조선 개국에 막대한 공을 세웠지만, 막상 나라를 세운 뒤에는 서로 등을 돌리고 으르렁거리며 싸웠다.

처음엔 이성계의 절대적인 신임을 얻고 있던 정도전이 유리

한 입장에 있었다.

　태조와 혼자 마주 앉은 정도전이 말했다.

　"전하, 왕 이외에 누구도 군대를 가져서는 안 됩니다. 그런데 많은 신하들이 자기의 군대를 거느리고 있습니다. 그들에게서 군대를 빼앗지 않으면 나라가 안정될 수 없습니다."

　이성계도 정도전의 말이 옳다고 여기고 그 일을 알아서 처리하라고 말했다.

　다음 날, 정도전은 왕비 강비(신덕왕후 강씨)에게 편지 한 통을 보냈다. 신덕왕후는 이성계의 두 번째 부인이었다. 이성계의 첫 번째 부인은 신의왕후 한씨였는데, 그녀는 조선이 개국되기 이전인 1391년에 이미 세상을 떠났다. 하지만 신의왕후 한씨는 방우, 방과, 방의, 방간, 방원, 방연 이렇게 여섯 아들을 남겨뒀다. 강비에게 그들은 늘 눈엣가시 같은 존재였다.

　강비가 편지를 펼쳐보니, 이렇게 써 있었다.

　"마마, 전하께 세자 책봉을 서둘러 달라는 말씀을 하소서. 세자는 반드시 마마에게서 태어난 왕자로 하셔야 하나이다."

　강비는 곧장 태조를 찾아가 말했다.

　"어서 빨리 세자를 세워야 나라가 안정될 것입니다."

　그러자 태조가 대답했다.

　"옳은 말이오. 그런데 중전께서는 누굴 세자로 세웠으면 좋겠소이까?"

　강비에게는 방번과 방석[32], 2명의 아들이 있었다. 강비는 당연히 장자인 방번이 왕위를 이어야 한다고 말했다. 하지만 태

---

32. 의안대군 방석
(1382~1398)

태조의 여덟째 아들이며, 신덕왕후 강씨의 둘째 아들이다.

33. 배극렴 (1325~1392)
고려 말의 장수이자 조선의 개국공신(나라를 세우는 데 공을 세운 신하)이다.

조는 한씨에게서 태어난 여섯 왕자들 때문에 망설였다.

태조는 곧 정도전을 불러 물었다.

"세자를 세우려 하는데, 경은 누굴 세웠으면 좋겠소?"

정도전이 대답했다.

"왕이란 권력자가 아닙니다. 왕은 나라의 상징이요, 만백성의 어버이입니다. 때문에 왕은 깨끗해야 합니다. 하지만 신의 왕후 한씨에게서 태어난 왕자들은 개국 과정에 참여하여 이미 권력을 맛보았기 때문에 깨끗하지 못합니다. 그러니 지금 왕비마마의 소생을 세자로 세우소서."

정도전의 말을 듣고 태조는 곧 대신들을 불러 말했다.

"나라를 세웠으니, 세자를 세움은 마땅하다. 이제 무안대군 방번을 세자로 세우려 하는데, 경들의 의견은 어떠시오?"

하지만 신하들 중에는 이방원을 따르는 무리가 많았다. 배극렴[33], 조준 등이 그들이었다. 그들은 무안대군이 이제 겨우 12세에 불과하여 정사를 잇기엔 역부족이며 개국에 큰 공을 세운 정안대군(방원)이 적임자라고 주장했다. 거기다 무안대군이 좀 어리석다는 소문도 있다고 덧붙였다.

그러자 정도전이 나섰다.

"무안대군이 명민하지 못하다는 말이 있는 것은 사실입니다. 그러니 의안대군(방석)을 세자로 세우는 것이 나을 듯합니다."

배극렴과 조준은 의안대군 역시 너무 어리다며 정안대군이 적임자라고 계속 주장했다. 이에 대해 정도전은 정사는 이제부터 배워도 늦지 않으며, 엉터리로 배운 것보다는 아예 모르는 상태에서 처음부터 배우는 것이 더 낫다고 주장했다.

결국, 태조는 강비와 정도전의 주장에 따라 의안대군 방석을 세자로 책봉했다. 이 일로 이방원은 몹시 분개했다.

"아버님께서 어떻게 이러실 수 있단 말인가! 방석은 아직 젖비린내 나는 어린아이에다 한낱 서자가 아닌가."

이방원은 곧 입궐하여 태조에게 따졌다.

"전하, 이럴 순 없습니다. 세자는 장자가 잇는 것이 예로부터의 관습입니다. 방우 형님께서 세자가 되어야 옳습니다."

하지만 태조는 세자의 자리는 왕인 자신이 결정한다며 물러가라고 호통을 쳤다.

결국, 이방원은 눈물을 머금고 한을 품은 얼굴로 물러났다. 그리고 바로 이듬해인 1393년 태조의 장남인 이방우가 죽었다. 그러자 이방원은 세자 방석과 정도전을 제거하고 왕위를 차지하려는 마음을 품게 되었다. 그런 결정을 내린 배경에는 하륜이라는 인물이 도사리고 있었다.

하륜은 학문에 밝고 잔꾀가 많은 인물이었는데, 어느 날 이방원을 찾아가 이렇게 말했다.

"조선은 원래 대군께서 세운 나라나 다름없습니다. 그러니 언젠가는 방석을 죽이고 왕위를 되찾아야 합니다."

하륜과 함께 또 한 명의 모사꾼(약은 꾀로 일을 꾸미는 사람)이 있었으니, 바로 이숙번이라는 자였다. 그도 또한 방원을 찾아가 말했다.

"대군께서 불러만 주시면 언제든지 선봉에 서서 저들의 목을 치겠습니다."

하지만 강비가 버티고 있는 한, 방석을 제거하는 것은 불가능했다. 다행히 강비가 자주 몸이 아프다는 말을 듣고 방원은 강비가 죽길 기다리며 은밀히 사람들을 모아 방석을 죽일 기회를 엿보고 있었다. 하지만 기회는 쉽게 오지 않았다. 오히려 그를 궁지로 모는 어려운 사건이 닥쳤다.

1395년, 중국을 통일한 명나라는 조선에 사신을 보내 원나라가 통치하던 조선 땅을 모두 내놓으라고 했다. 태조는 크게 근심하며 정도전을 불러 대책을 논의했다. 하지만 정도전은 오히려 웃으면서 말했다.

"전하, 지금이 바로 사병혁파[34]를 할 기회입니다. 저들 명나라에 대항하여 요동을 정벌하겠다는 의지를 천명하시고, 신하들이 거느리고 있는 사병을 모두 나라 군대에 합치라고 하십시오. 그러면 명나라는 전쟁이 날까 두려워 슬그머니 발을 뺄 것이고, 사병은 없어지면서 우리 조선의 군대는 더욱 강해질 것입니다. 또한 전하의 힘도 자연스럽게 강해질 것입니다."

태조는 곧 왕명을 내렸다.

34. 사병혁파

사병(私兵)이란 나라의 공적인 군사 제도에 포함되지 않고 개인이나 특정한 집단에 사적으로 속해 있는 무력 집단을 가리키는 말로, 이들 사병을 없애는 것을 사병혁파라고 한다.

"명나라가 우리 땅을 내놓으라 하니, 이제 짐은 요동을 정벌하여 저들이 다시는 그런 요구를 하지 못하도록 할 것이다. 이 일을 위해 병력을 하나로 모아 군대를 강화해야 하니, 조정 대신들은 모두 개인이 거느린 병력을 나라의 군대에 합치도록 하라."

하지만 군대를 거느린 대신들은 쉽게 군사를 내놓지 않았다. 그들은 사병을 내놓으면 다음엔 목숨을 내놓으라고 할 것이라며 불안해했다.

이방원과 그 형제들도 강력하게 반발했다. 그들은 사병을 내놓으면 정도전이 자신들을 죽일 것이라고 생각했다. 이 때문에 방원을 중심으로 똘똘 뭉쳐 정도전에게 대항했다.

그렇게 정도전과 이방원이 팽팽하게 대립하고 있던 1396년, 세자 방석의 어머니 신덕왕후 강씨는 지병을 이기지 못하고 세상을 떠나고 말았다. 최대의 정적(정치에서 대립되는 위치에 있는 사람)이 없어지자, 이방원은 몹시 좋아했다.

"이제 정도전과 그 무리들만 제거하면 된다."

하지만 아직 태조가 건재한 상태라 조심해야 될 처지였다. 그러나 1398년, 태조가 병이 들어 앓아눕고 말았다. 그 소식을 듣고 이숙번이 달려와 말했다.

"대군, 바로 이때이옵니다."

곧이어 하륜이 달려왔다.

"오늘밤에 정도전을 죽입시다."

결국, 그날 밤 이방원은 거사를 도모하여 정도전을 죽이고,

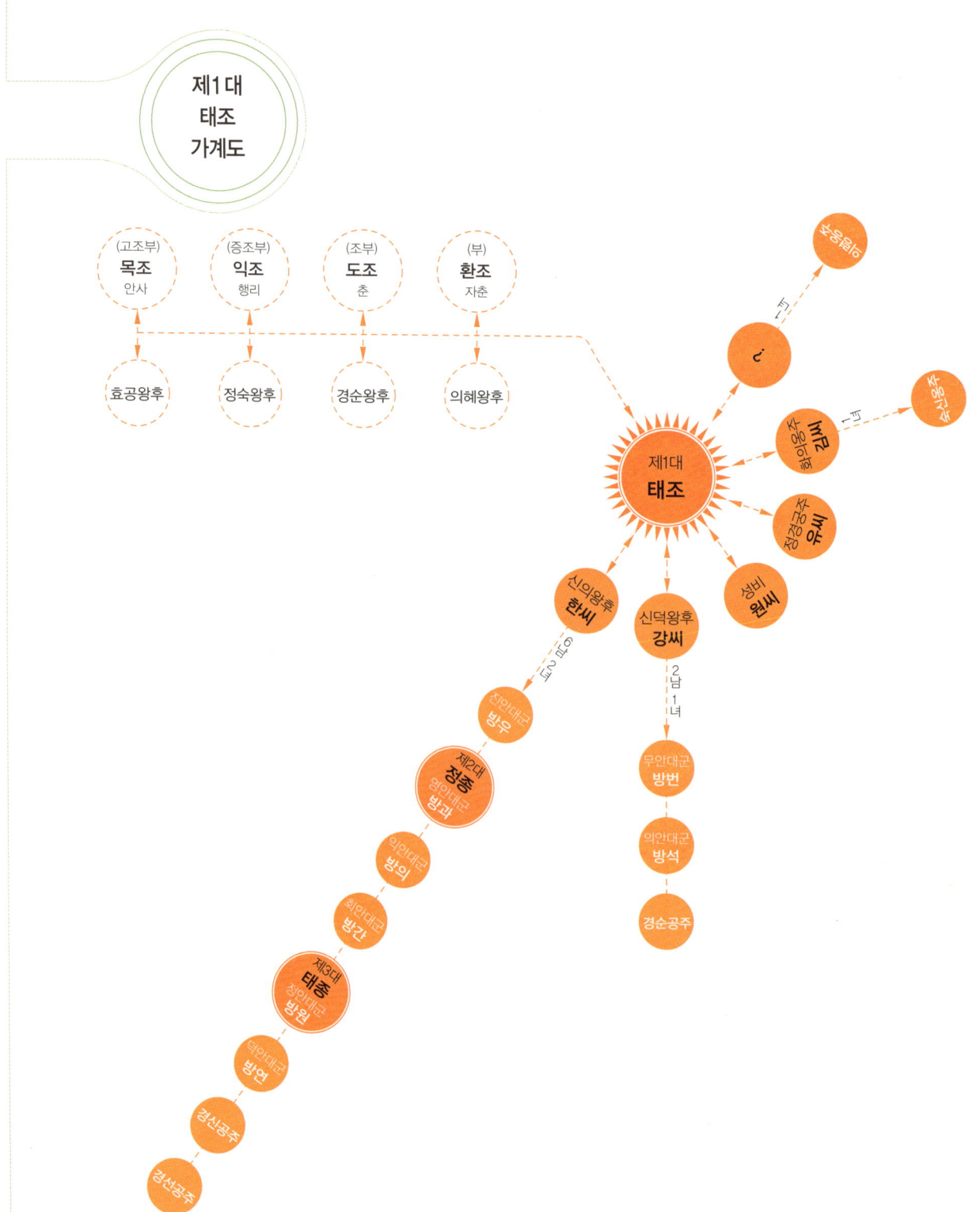

방석과 방번을 유배보냈다. 그리고 이어 자객을 보내 방석과 방번을 모두 살해했다. 이 사건을 '제1차 왕자의 난'[35] 또는 '방원의 난'이라고 한다.

태조는 며칠 뒤에야 이 사건의 전모를 알게 되었지만 정도전, 남은 등 자기 세력을 모두 잃었기 때문에 왕위를 내놓고 물러날 수밖에 없었다. 태조는 다시 세력을 확보하여 왕위를 되찾을 마음으로 눈물을 흘리며 고향인 함흥으로 돌아갔다.

전쟁에 나가서 단 한 번도 패배한 적이 없던 그가 아들에게 내쫓길 줄 그 누가 알았을까! 왕위를 차지하기 위해 아버지도 내쫓다니, 권력에 대한 사람의 욕심이란 참으로 무서운 것이다.

> **35. 제1차 왕자의 난**
> 1398년(태조 7년) 8월 25일, 방원을 비롯한 신의왕후 한씨 소생 왕자들이 사병을 동원하여 정도전, 남은, 심효생 등을 습격하여 살해하고 세자 방석과 그의 형 방번을 죽인 사건이다.

태조의 생애

태조는 함흥지방의 호족이었던 이자춘과 영흥의 천호였던 최한기의 딸 최씨 사이에서 적장자(본부인에게서 태어난 장남)로 태어났으며, 초명은 성계였다가 후에 단으로 개명하였다. 처음 자는 중결이었다가 나중에 군진으로 바뀌었으며, 호는 송헌이다. 1335년 10월 11일 함경도 영흥 흑석리에서 태어났다.

그는 20세도 안 된 젊은 나이에 장수로서 맹위를 떨쳤는데, 특히 궁술이 뛰어나 신궁으로 불렸다. 1360년에 아버지 이자춘이 죽자 아버지의 지위와 재산을 계승했으며, 1362년에 동북면 병마사에 올랐고, 이후 숱한 전쟁을 치르며 많은 전공을 세워 진급을 거듭했다. 동북면 병마사가 된 이래 밀직부사 등을 거쳐 1382년에는 동북면 도지휘사, 1384년에는 도원수문하찬성사, 1388년에는 수문하시중이 되었다.

1388년 당시 고려의 우왕과 최영은 명나라가 철령 이북 땅을 요구하는 것에 반발하여 요동정벌을 감행했는데, 이성계는 요동정벌에 반대하며 위화도 회군을 감행하여 성공했다.

이후 우왕이 폐위되고 창왕이 즉위했는데, 그는 정몽주 등과 폐가입진론(廢假立眞論, 가짜를 폐하고 진짜를 세운다)을 내세워 창왕을 내쫓고 공양왕을 옹립했다. 하지만 공양왕이 정몽주와 더불어 자신을 축출하려 하자, 정몽주를 죽이고 공양왕을 폐위한 뒤, 1392년 7월 16일에 정도전, 남은, 조준 등 측근들의 추대를 받아 개성의 수창궁에서 왕위에

태조 어진
전주 경기전 소장

올라 국호를 조선으로 바꿨다.

그는 6년 2개월 동안 왕위에 머물다가 1398년 8월에 다섯째 아들 방원이 난을 일으켜 정도전, 남은 등의 중신들과 세자 방석을 죽이자, 9월에 차남 방과에게 왕좌를 내주고 물러났다.

왕위를 빼앗긴 그는 정변을 주도한 이방원(태종)을 몹시 미워하여 함흥에 머물며 안변부사를 지낸 조사의 등 동북 세력을 앞세워 복위를 꾀했으나 실패하였다. 이때 방원이 문안을 위해 차사를 보내면 그때마다 죽여 버려서 한 번 가면 소식이 없는 사람을 일컫는 '함흥차사'라는 말이 생겨나기도 했다. 이후 무학대사의 간청으로 한양으로 돌아온 이성계는 1408년 5월 24일에 창덕궁 광연루 아래 별전에서 74세를 일기로 생을 마감했다.

명나라에서 시호를 강헌이라 내리고, 정종 2년에 계운신무의 존호를 올렸으며, 숙종 9년에 정의광덕의 존호를 보태니, 태조의 정식 묘호는 '태조강헌지인계운성문신무정의광덕대왕(太祖康獻至仁啓運聖文神武正義光德大王)'이다.

능은 양주 남쪽 검암산(경기도 구리시)에 마련되었고, 능의 신도비 비문은 권근이 지었다.

태조는 2명의 정비와 4명의 후궁에게서 적자 8명, 적녀 3명, 서녀 2명을 얻었다.

태조 어필

열성어필첩에 있는 태조(이성계)의 글씨이다.

예술의전당 서예관 소장

시호
왕이 죽은 후에 그의 행적을 기리고 일생을 평가하기 위해 짓는 이름.

묘호
왕이 죽은 후에 종묘에 그 신위를 모실 때 올리는 존호.

존호
신하들이 왕과 왕비의 업적과 공덕을 기리기 위해 올리는 이름.

태조의 왕비

신의왕후 한씨 (1337~1391)

신의왕후 한씨는 안변 사람 한경의 딸이다. 한경은 함경도의 요충지인 안변의 세족으로 이성계 집안과 밀접한 관계를 형성하고 있었다. 이성계의 증조부 행리가 두만강변의 여진인들에게 쫓겨나 남쪽 안변으로 내려오게 되는데, 이때 행리는 안변의 호장 최기열의 딸을 두 번째 아내로 맞아들여 터전을 잡을 수 있었다. 이후 안변 세족들과 이성계 집안은 두터운 신뢰를 쌓았는데, 한경의 집안도 그 중의 하나였다.

한경의 딸 신의왕후 한씨는 당시의 풍습대로 십 대의 어린 시절에 태조에게 시집와서 6남 2녀를 낳았다. 이후 태조는 자신의 입지를 강화하기 위해 강윤성의 딸을 두 번째 부인으로 맞아들이게 되는데, 이 때문에 한씨는 마음 고생을 심하게 했다.

당시 이성계는 강윤성의 딸을 정식 혼례를 통해 맞아들였고, 이후로 주로 강씨와 기거했기 때문이다. 이 일은 한씨 소생 아들들에게 한을 남겼다. 그래서 나중에 태종이 철저하게 처와 첩을 가리고 적자와 서자를 구별하는 정책을 쓰게 만든다.

그녀는 조선 개국의 영광을 맛보지도 못하고 1391년에 55세를 일기로 죽었다. 조선이 개국된 다음에 그녀는 절비로 추존되었고, 능호는 제릉이라 하였다. 1398년에 정종이 왕위에 오르면서 신의왕후에 추존되었다. 그녀의 능은 현재 개성군 판도면 상도리에 있다.

그녀의 소생으로는 방우, 방과(정종), 방의, 방간, 방원(태종), 방연 등의 여섯 아들과 경신, 경선 두 공주가 있다.

신덕왕후 강씨 (?~1396)

신덕왕후 강씨는 곡산 강씨 윤성의 딸이다. 강윤성은 원나라 지배 아래에 있던 시절에 찬성사 벼슬을 지낸 인물이다.

이성계가 그의 딸을 두 번째 부인으로 맞아들인 것은 강윤성의 정치적 영향력에 의존하여 중앙으로 진출하는 데 도움을 얻기 위한 것으로 보인다.

강씨는 이성계의 첫 번째 부인 한씨가 안방을 차지하고 있는 가운데 정식으로 혼례를 올렸으나, 한씨와 한 집에서 살지는 않았다. 이성계는 그녀와 결혼한 덕분에 많은 중앙 정치인들과 교분을 쌓을 수 있었고, 위화도 회군과 조선 개국 과정에서 그들 정치인들의 도움을 받을 수 있었다.

이렇듯 이성계의 정치적 입지 강화에 큰 도움을 줬던 그녀였기에 조선 개국 후에는 국모의 자리에 올라 막강한 영향력을 행사했다. 급기야 한씨 소생 왕자들을 모두 제치고 자기 소생 왕자를 세자로 삼아야 한다고 주장하여 결국 둘째 아들 방석을 세자로 세웠다.

한씨 소생 왕자들은 방석의 세자 책봉에 대단한 불만을 표시했는데, 특히 개국에 가장 지대한 공헌을 했던 방원의 반발이 컸다. 하지만 강씨의 정치적 영향력이 워낙 강한 데다, 개국 공신 중에 가장 공이 큰 인물이었던 정도전, 남은 등이 그녀를 지지하고 있었기 때문에 어쩔 수 없었다.

그런 까닭에 그녀가 살아있는 동안엔 한씨 소생 왕자들은 거의 정치적으로 어떠한 영향력도 가질 수 없었다.

그러나 1396년에 강씨가 죽으면서 상황은 급변했다. 그동안 숨죽이고 기회만 엿보고 있던 한씨 소생 왕자들, 그 중에서도 특히 방원은 발 빠르게 움직였다. 그는 다른 형제들과 힘을 합쳐 정변을 일으켰고, 정도전, 남은 등 강씨 측근들을 제거하는 데 성공했다. 당시 조정의 핵심 인물이었던 정도전이 제거되자, 방원은 세자 방석과 방번 형제도 죽여 버렸다. 또 강씨 소생 경순공주는 비구니가 되어야 했고, 사위 이제는 정도전 일파로 지목되어 참살되었다.

강씨는 신덕왕후에 봉해졌고, 능호를 정릉이라 했지만, 태종은 그녀를 왕비로 인정하지 않았다. 이성계가 죽은 뒤에 태종은 왕비의 제례에서 그녀를 제외시키고, 서모의 예로 제사를 지내게 했다.

태종이 첩과 서자들에 대해 차별 정책을 쓴 것도 신덕왕후에 대한 태종의 악감정과 무관하지 않다.

태종은 그녀의 능을 파헤쳐 옮기고, 정자각을 헐고, 능 주변의 석물을 실어다 돌다리를 만들어 버리는 행동을 서슴지 않았다.

그렇듯 일개 서인(평민)의 무덤으로 전락한 정릉은 250여 년이 지난 뒤에야 겨우 복구되었다.

현종시대에 명분론을 앞세웠던 서인의 우두머리 송시열이 그녀를 정식 왕후로 인정해야 한다고 주장했고, 현종이 그의 논리를 받아들였던 것이다.

송시열의 주장대로 그녀가 조선의 첫 왕비인 것은 부인할 수 없는 사실이었다. 이성계의 첫 부인이 한씨였다고는 하나 그녀는 조선 개국 이전에 죽었고, 국모의 역할을 수행해 본 적도 없기 때문이다.

정릉은 처음엔 서울 성북구 안암동에 있었으나 몇 번 이장되어 현재 성북구 정릉동에 있다.

그녀는 2남 1녀를 낳았는데, 무안대군(방번), 의안대군(방석) 형제와 경순공주가 그들이다.

제2대 정종실록

허수아비 왕 정종

정종시대의 세계 약사

중국에서는 《삼국지연의》를 지은 나관중이 71세의 나이로 세상을 떠났고(1400년), 또 같은 해에 영국에서는 《켄터베리 이야기》의 저자 초서가 61세의 나이로 세상을 떠났다.

눈물을 삼키고 아들을 내쫓다

태조가 물러나자, 이방원의 부하들인 하륜[1], 이숙번[2], 이거이[3], 조영무, 민무구 등이 정권을 장악했다. 그들은 모두 이방원을 왕으로 추대하려 했으나, 이방원은 둘째 형 방과에게 왕위를 잇게 했다. 이방원은 왕위에 오르고 싶은 생각은 간절했으나, 왕위를 차지하기 위해 형제를 죽이고 아버지를 내쫓았다는 비판을 들을까 염려했다. 그래서 우선 방과에게 잠시 왕위를 맡겼다가 적당한 때에 자신이 차지할 생각이었다.

하지만 정작 방과는 고개를 내흔들며 왕위를 거부했다.

"이보게 아우, 난 왕위에 관심이 없네. 왕위는 본래부터 자네 것이었네. 그러니 자네가 왕위에 앉게나."

그 말에 이방원이 웃음 띤 얼굴로 말했다.

"무슨 말씀입니까? 큰 형님이 돌아가셨으니, 당연히 둘째 형님께서 왕위를 이어야지요."

그렇게 방원이 억지로 떠안기는 바람에 방과가 왕위를 이었다. 그가 조선 제2대 왕인 정종이다.

정종은 왕위에 오르긴 했으나 나랏일을 돌보는 대신 격구[4]를 치고, 기생들과 어울려 춤을 추는 등의 일로 시간을 보냈다. 정종이 그런 행동을 한 것은 모두 살아남기 위한 계책이었다. 나라의 실권을 모두 이방원이 쥐고 있었기 때문에, 자칫 왕위에 욕심을 냈다가는 방석이나 방번처럼 죽임을 당할 수도 있다고 생각한 것이다.

하지만 주변에서 정종을 가만히 둘 리가 없었다. 이방원에게는 이방원과 동서지간인 조박[5]이라는 인물이 있었는데, 어느 날 조박이 정종 앞에 불노[6]라는 청년을 데려왔다.

"전하, 이 공자(지체 높은 집안의 나이 어린 아들)가 누군 줄 아십니까?"

정종이 고개를 갸웃거리며 되물었다.

"얼굴이 익긴 한데, 누구요?"

"바로 전하의 맏아드님이십니다."

정종은 깜짝 놀랐다.

"뭐, 뭣이!"

정종의 왕비는 정안왕후 김씨였는데, 그녀는 아이를 낳지 못했다. 그래서 정종은 왕위에 오르기 전에 첩을 들였는데, 그녀

---

1. 하륜 (1347~1416)
고려 말~조선 초의 문신. 고려 말의 대학자 이색의 제자로 정도전과는 친구 사이이다.

2. 이숙번 (1373~1440)
조선 초기의 문신. 태조 2년에 문과에 급제한 뒤 방원을 도와 정도전, 남은 등을 제거하는 제1차 왕자의 난에 공을 세워 정사공신 2등에 올랐다.

3. 이거이 (1348~1412)
조선 초기의 문신. 고려 말에 참찬문하부사를 역임하였으며, 조선왕조와 밀접한 혼인 관계를 맺고 있었다. 그의 아들 '저'는 태조 이성계의 장녀 경신공주와 혼인하였으며, 다른 아들 '백강'은 태종의 장녀 정순공주와 혼인하였다.

가 가의궁주 유씨[7]였고, 유씨가 낳은 아들이 바로 불노였다. 불노는 태어난 뒤에 줄곧 가의궁주의 친정에서 자랐는데, 조박이 가의궁주와 친척이었던 까닭에 불노를 데리고 온 것이다.

조박은 정종이 적자가 없으니 그의 장자인 불노가 당연히 세자가 되어야 한다고 주장했다.

그렇게 되자 궁중은 이 문제로 발칵 뒤집혔다. 정종은 고민에 고민을 거듭하며 한숨을 푹푹 내쉬었다.

"이 일을 어찌 할꼬. 만약 방원 아우가 이 일을 알면 필시 불노 그 아이를 죽일 터인데……."

그러자 정안왕후가 꾀를 냈다.

"가의궁주는 원래 반복해란 자에게 시집을 갔다가 남편이 죽자 전하께 시집을 왔습니다. 그러니 불노를 반복해의 아들이라고 말씀하시고, 그 아이를 궁궐에서 내치소서. 그래야만 그 아이도 살리고, 전하도 무사할 수 있습니다."

그 소리에 정종은 혀를 끌끌 차며 신세를 한탄했다.

"어허, 어째 이런 일이. 아들을 아들이 아니라고 해야 하다니. 명색이 일국의 왕인데, 이게 무슨 꼴이란 말인가."

하지만 힘없는 왕이 별 수 있겠는가.

정종은 곧 조박을 불러 말했다.

"불노는 내 아들이 아니오. 내가 키우지도 않았는데, 그대는 무슨 연유로 이 아이를 데려와 왕실에 분란을 일으키려 하는 거요? 당장 데리고 가시오."

결국, 불노는 궁 밖으로 쫓겨나 유랑 생활을 하며 지내야 했다. 훗날 태종시대에 불노는 자신이 정종의 장남이라고 떠벌리고 다니다가 붙잡혀 충청도 공주로 유배되었고, 강제로 승려가 되었다가 죽었다.

이렇듯 정종은 비록 왕위에 있었으나 왕 노릇을 제대로 할 수도 없는 처지였으니, 한낱 허수아비에 불과했던 것이다.

왕위를 내놓고 물러나다

불노 사건 이후, 이방원과 그 수하들은 마음이 급해졌다. 이숙번은 이러다 닭 쫓던 개 지붕 쳐다보는 격이 되겠다며 빨리 정안대군(이방원)이 왕위에 올라야 한다고 주장했고, 하륜도 그 말에 동조했다. 이거이와 조영무 등은 이방원이 왕위에는 오르지 않고 쓸데없는 일만 한다고 불만을 토로하기도 했다.

당시 이방원은 정도전이 추진하던 사병혁파운동을 지속하고 있었다. 그 때문에 사병을 가진 신하들이 불만을 품고 있었는데, 이거이 또한 사병을 가진 터라 불만이 있었던 것이다.

한편, 그 무렵 박포⁸란 자가 방원의 넷째 형 방간⁹을 충동질했다. 박포는 정도전을 제거할 때 이방원 편에 섰던 인물인데, 거

4. 격구
삼국시대부터 우리 선조들이 즐기던 놀이로, 말을 탄 채 숟가락처럼 생긴 막대기로 공을 쳐서 상대방 문에 넣는 경기이다.

5. 조박 (1356~1408)
고려 말~조선 초의 문신. 이방원과 동서지간인 그는 이성계 편에 서서 일하다가 살해될 뻔하기도 하였다. 조선 개국 후 개국공신 1등에 봉해졌다.

6. 불노
가의궁주 유씨의 소생으로 정종의 숨겨진 장남으로 알려지고 있다.

7. 가의궁주 유씨
정종의 후궁이며, 불노의 어머니이기도 하다.

사가 성공한 뒤에도 높은 벼슬을 얻지 못하자 이방원에게 불만을 품고 있었다. 박포는 방간에게 이렇게 말했다.

"대군, 지금 때가 어떤 때인데 이러고 계십니까?"

방간이 놀란 얼굴로 되물었다.

"왜? 무슨 일이 있는가?"

그러자 박포는 방원이 방간을 제거하고 왕위를 차지하려고 하고 있다고 했다. 방간은 그 말을 듣고 무섭게 화를 내며 방원을 비난했다.

"아니, 방원이 그놈이 이 형을 제쳐놓고 그런 짓을 벌린단 말이지?"

사실, 방간은 나름대로 제법 많은 수의 사병도 거느리고 있던 터라 왕위에 욕심이 있었다. 박포가 그런 사실을 알고 일부러 찾아가 그런 말을 했던 것이다.

성질 급한 방간은 곧 군대를 소집하여 방원의 집으로 쳐들어갔다.

하지만 방간은 방원의 상대가 되지 못했다. 또한 다른 형제들도 모두 방원 편을 들었다. 결국, 방간은 제대로 싸워보지도 못하고 생포되어 유배되었고, 그를 부추겼던 박포는 붙잡혀 형장의 이슬로 사라졌다. 1400년 1월에 일어난 이 사건을 흔히 '방간의 난' 또는 '제2차 왕자의 난'이라고 한다.

방간이 제거되자, 이제 방원은 망설일 이유가 없어졌다. 그래서 1400년 2월에 스스로 세자가 되었다. 방원이 세자에 오르자 하륜이나 이숙번 등 이방원 세력은 은근히 정종에게 물러나라고 압박을 가했다. 정종 또한 계속 용상에 앉아 있을 마음이 없었기 때문에, 그 해 11월에 스스로 왕위를 이방원에게 넘기고 물러났다. 왕위에서 물러난 그는 격구를 즐기고 유람을 다니다가, 그로부터 19년 뒤인 1419년 9월에 죽었다.

그는 묘호도 받지 못하고 그냥 공정왕이라고 불리다가 수백 년이나 지난 숙종시대에 이르러 겨우 정종이라는 묘호를 받았다. 그야말로 이름뿐인 왕이었던 셈이다.

8. 박포 (?~1400)

조선 개국 때 대장군으로서 공이 있어 개국공신 2등에 책봉되었다. 태조 7년에 제1차 왕자의 난을 평정하는 데 공을 세워 지중추원부사가 되었으나, 논공행상에서 자신이 2등공신에 책봉된 것에 불만을 품었다가 귀양을 가기도 하였다.

9. 방간 (회안대군) (1364~1421)

태조 이성계와 신의왕후 한씨의 넷째 아들로 태어났으며, 조선이 개국하자 회안군에 봉해졌다. 제1차 왕자의 난에서 정도전 일파를 제거한 공으로 회안공이 되었다.

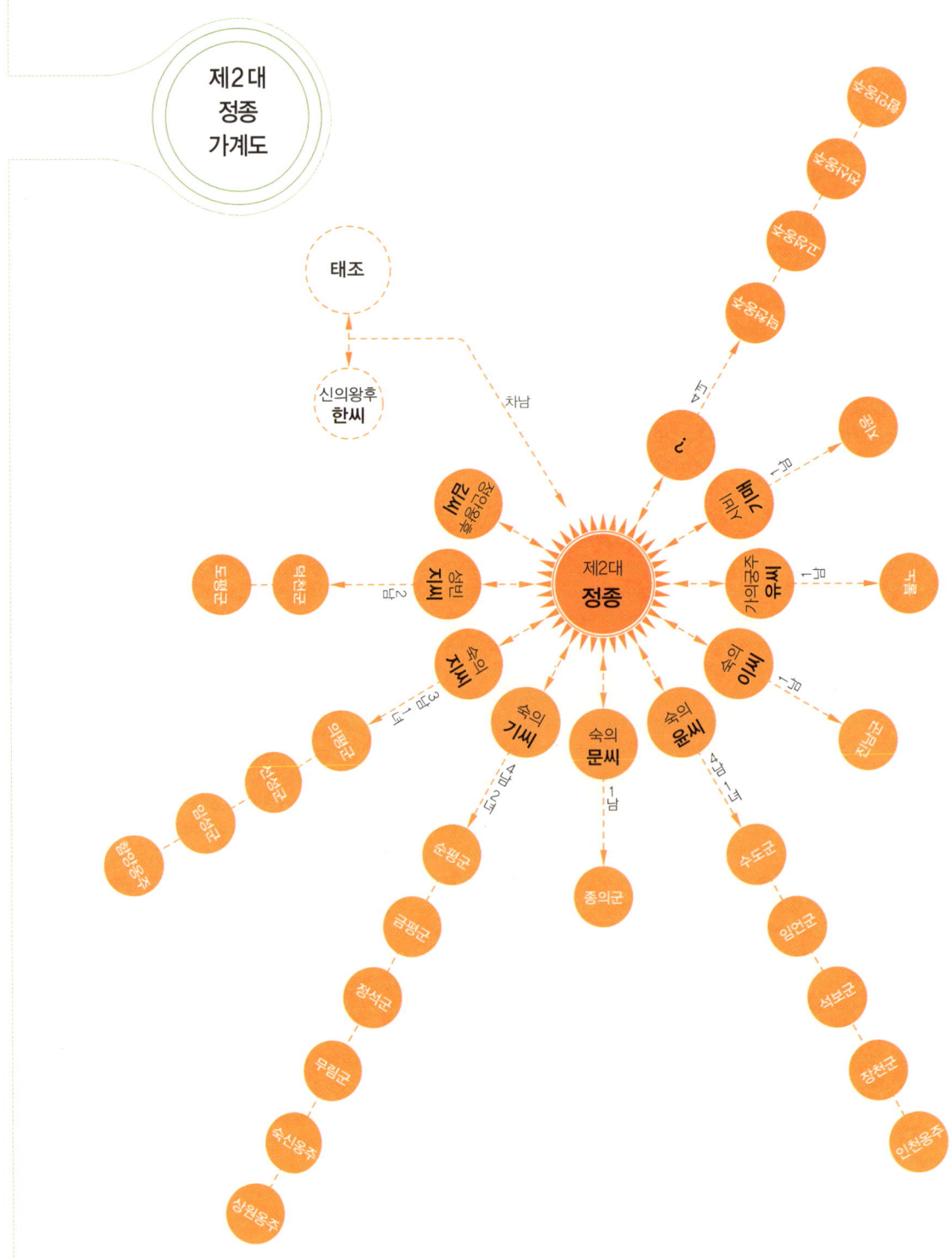

정종의 생애

정종은 태조의 차남이며, 신의왕후 한씨 소생으로 1357년 7월 1일에 함흥 귀주동에서 태어났다. 처음 이름은 방과였다가 후에 경으로 바꿨으며, 자는 광원이다.

그는 고려 말에 벼슬에 올라 장상이라는 벼슬까지 했으나 원래 정치에 뜻이 없었다. 그런 까닭에 개국 이후에도 권력을 탐하지 않았고, 조정의 일에도 관심이 없었다. 제1차 왕자의 난으로 방석이 살해됐다는 소식을 접한 뒤에도 전혀 왕위를 넘보지 않았고, 세자의 자리는 당연히 이방원에게 돌아가야 한다고 말하기까지 했다.

하지만 이방원은 태조의 반발과 민심을 의식해 그에게 세자의 자리를 잇도록 했고, 1398년 9월에 태조가 물러나자 자신의 뜻과 상관없이 왕좌에 앉았다.

이후, 그는 2년 2개월 동안 왕위에 있다가 1400년 11월에 태종에게 양위(왕의 자리를 물려 줌)하고 물러났다. 왕위에 머물던 2년여 동안 그는 유명무실한 존재였다. 비록 왕위에 있긴 했지만 왕권은 모두 이방원이 쥐고 있었던 것이다.

그는 왕위에서 물러난 뒤에 인덕궁에 머무르며 격구와 사냥을 즐기고 온천을 다니거나 연회를 베푸는 것으로 여생을 보냈다. 왕위에서 물러난 지 19년이 지난 1419년 9월 26일에 인덕궁에서 63세를 일기로 생을 마감했다.

명나라 조정에서 시호를 공정이라 했으나, 정작 조선 조정에서는 그에게 묘호를 올리지 않았다. 그는 그 뒤로 수백 년간 묘호를 받지 못하다가 1681년(숙종 7년)에 이르러서야 의문장무의 시호를 더하고 정종이라는 묘호가 올려졌다. 여기에 온인순효의 존호가 보태져 정식 칭호는 '정종공정의문장무온인순효대왕(定宗恭靖懿文莊武溫仁順孝大王)'이다.

능은 풍덕 동편 흥교동(지금의 개성시 판문군 영정리)에 마련됐으며, 능호는 후릉이다.

정종은 1명의 정비와 9명의 후궁을 두었으며, 그들에게서 서자 17명, 서녀 8명을 얻었다.

정안왕후 김씨 (1355~1412)

정안왕후 김씨는 경주 김씨 천서의 딸이다.

1398년 방원의 난이 일어나 영안대군(정종)이 세자에 오르자, 덕빈에 책봉되었고, 그 해 9월에 정종이 왕위에 오르면서 덕비에 책봉되었다.

1400년에 정종이 태종에게 양위하고 상왕으로 물러나면서 순덕왕대비의 존호를 받았고, 1412년에 58세를 일기로 죽었다. 소생은 없었다.

그녀는 타고난 본성이 인자하고 후덕했으며, 정종이 왕위에 있을 때 태종에게 양위할 것을 건의했다. 덕분에 정종은 태종과의 권력 다툼을 피해 천수를 누릴 수 있었다.

능은 정종과 같은 곳에 마련되었으며, 능호는 후릉이다.

조선사 깊이 읽기
조와 종의 차이는 무엇일까?

조선의 왕들을 부를 때, 태조, 세종, 영조, 철종 등으로 부릅니다. 이것을 묘호라고 하는데, 묘호라는 것은 죽은 왕의 위패를 모시는 종묘에 올리는 이름입니다.

묘호는 대개 조(祖)와 종(宗)으로 구분됩니다. 이것은 원래 중국의 제도입니다. 중국에서는 당나라 때부터, 우리나라에서는 고려 때부터 공식적으로 묘호 제도가 도입되었습니다.

원래 조는 나라를 세운 사람에게만 붙이고, 나머지는 종만 사용했습니다. 그래서 고려 왕들을 보면 태조 왕건을 제외한 나머지는 모두 종만 붙어 있습니다.

그런데 조선시대의 왕들을 보면 여러 왕의 묘호에 조가 붙어 있습니다. 세조, 선조, 인조, 영조, 정조, 순조 등에서처럼 나라를 세우지 않았는데도 조가 붙은 묘호가 여럿 등장했던 것입니다.

중국에서는 나라를 세우지 않았는데 조를 붙여 준 왕은 몇 명 되지 않습니다. 원나라에 1명, 명나라에 1명, 청나라 2명뿐입니다. 그런데 조선에는 무려 6명이나 됩니다.

왜 그랬을까요?

《조선왕조실록》에서 밝히기를 업적이 많은가, 아니면 덕이 많은가를 따져 묘호를 붙였다고 합니다. 즉, 업적이 많으면 조, 덕이 많으면 종이라고 했다는 것입니다. 여기서 업적이라는 것은 나라를 세운 것에 버금가는 성과를 의미하는데, 그 구체적인 내용을 보자면 이렇습니다.

세조는 김종서, 황보인 등에 의해 망할 뻔한 나라를 구한 업적이 있고, 인조는 형제를 죽이고 어머니를 가둔 광해군을 내쫓고 나라를 새롭게 만든 업적이 있다는 것입니다.

　원래 나라를 세우지 않은 왕에 대해 처음부터 조를 붙인 묘호는 이렇게 세조와 인조 둘 뿐이었습니다. 그리고 나머지는 원래 종을 붙였다가 조로 변한 것입니다. 선조는 원래 선종이었고, 영조는 영종, 정조는 정종, 순조는 순종이었습니다.

　그렇다면 이들에게 왜 조를 붙여준 것일까요? 그 이유를 말하자면 이렇습니다.

　선조는 임진왜란을 막아내 나라를 망국의 위기에서 구한 업적이 있고, 영조는 탕평책으로 망국적인 당쟁을 막은 업적이 있으며, 순조는 서양 종교인 천주교를 막아 국가의 문화를 유지시킨 업적이 있다는 것입니다. 그리고 정조는 고종이 황제에 오르면서 조상을 높이는 뜻에서 종에서 조로 바뀐 경우입니다.

제3대 태종실록

조선왕조의 초석을 다진 태종

태종시대의 세계 약사

유럽에서 종교개혁의 기운이 형성되었다. 1402년 보헤미아의 프라하대학 총장이 된 후스는 로마교회의 부패상을 고발하며 종교개혁을 시도하려다 발각되어 신성로마제국에 의해 쫓겨나고, 이후 다시 보헤미아 공화국에서도 파문되었다. 그러자 후스는 1412년 로마교회가 면죄부를 판매하는 것을 비판하고 나서고, 1414년 콘스탄츠 종교회의에서 이단으로 선고받고 이듬해 화형당했다. 이 사건 이후 1417년에 교황 베네딕트 13세가 폐위되고, 마르틴 5세가 즉위해 5개조의 개혁조령을 발표함으로써 종교개혁의 기운은 새로운 양상으로 발전해 나가게 되었다.

함흥차사[1]와 조사의[2]의 난

이방원이 둘째 형 정종을 압박하여 밀어내고 왕위에 오르자, 함흥에 머무르고 있던 이성계는 분을 삼키며 이방원을 응징할 것을 다짐했다.

"방원이 이놈, 내 기필코 네놈의 목을 쳐서 방번과 방석의 원혼을 달래리라!"

이성계는 빼앗긴 왕위를 되찾기 위해 이미 함흥 주변의 군사를 끌어 모으고 있었다. 이성계의 명령을 받고 군대를 지휘한 인물은 안변 부사 조사의와 강현이었다. 그들은 모두 이성계의 두 번째 부인 신덕왕후 강씨의 친족이었다.

한편, 태종 이방원은 어떻게 해서든 태조의 마음을 달래기 위해 수차례에 걸쳐 함흥으로 차사(왕이 중요한 임무를 위하여 파견한 임시 벼슬)를 보냈지만 허사였다. 태조는 차사가 가기만 하면 모두 활로 쏘아 죽여 버렸던 것이다.

태종은 그 일로 고민하며 신하들을 모아놓고 말했다.

"이토록 많은 신하 중에 아버님께 내 마음을 전해줄 사람이 한 명도 없단 말이오?"

그때 성석린[3]이 앞으로 나와 말했다. 성석린은 태조의 옛 친구이고, 당시 정승이었다.

"신이 가겠나이다."

태종은 성석린의 손을 잡고 꼭 태조를 모셔 오라고 신신당부했다.

성석린은 그 길로 백마를 타고 삼베옷 차림으로 함흥으로 갔다. 그리고 태조가 머무는 곳 주변에서 불을 피우고 밥 짓는 시늉을 했다.

태조가 들판에서 연기가 나는 것을 보고 옆에서 시중들던 내시[4]에게 말했다.

"누군가 저곳에서 밥을 지을 모양이니, 가서 데려와 밥 한 끼 먹이도록 해라."

내시가 달려가 성석린을 알아보고 말했다.

"아니, 성 정승 나리 아니십니까? 그런데 도대체 무슨 일로 여기서 불을 피우십니까?"

성석린은 길을 가다 날이 저물어 그곳에서 솥을 걸고 끼니를 해결할 생각이었다고 말했다. 내시가 돌아가서 그 사실을 알리자, 태조는 무척 기뻐했다.

1. 함흥차사

태조는 연이은 '왕자의 난'으로 상심하고 있던 차에 정종을 내몰고 기어코 왕위에 오른 방원의 소행을 괘씸하게 여겨 한양을 떠나 고향인 함흥으로 거처를 옮겼다. 그러자 태종은 태조를 한양으로 모셔오기 위해 여러 명의 차사를 보냈으나, 그때마다 태조가 활로 쏘아 죽여 돌아오지 않았다고 한다. 이때부터 어딜 갔다가 돌아오지 않는 사람을 가리켜 '함흥차사'라 부르게 되었다.

2. 조사의 (?~1402)

태조의 두 번째 부인 신덕왕후 강씨의 친척으로 태종 시대에 반역을 도모했던 인물이다.

3. 성석린 (1338~1423)

고려 말~조선 초의 문신. 공민왕 때에 과거에 급제하여 국사를 편수하는 사관으로 재직하기도 했다. 태종 시대에 우의정, 좌의정을 거쳐 영의정까지 삼정승을 두루 거친 인물로 시를 잘 짓고 글씨에도 능했던 학자이다.

4. 내시(환관)
거세(생식 기능을 제거함)된 남자로 궁중에서 어명의 전달, 궁궐 청소 등의 일을 하는 내관을 가리키는 말이다.

5. 박순 (?~1402)
고려 말~조선 초의 무관. 고려 우왕 때 요동정벌군에 종사하다가 위화도 회군에 관련된 글을 우왕에게 전달하는 임무를 맡았다.

"오, 내 친구가 왔다니, 어서 빨리 데려오라."

하지만 성석린이 도착하여 태종과 화해하라고 말하자, 태조는 얼굴을 붉히며 무섭게 화를 냈다.

"옛 친구가 찾아와 즐거워했더니, 너의 왕을 위해 나를 달래려고 온 것이 아니더냐? 그대도 정녕 나의 화살에 죽고 싶은 것인가?"

성석린은 태종이 시켜서 온 것이 아니며, 그저 여행을 하는 길이라고 대답하면서 옛 친구로서 정말 태조를 생각하여 올리는 충언이라고 했다.

태조는 한동안 성석린을 무섭게 노려보며 생각했다.

'그래, 도성으로 가 보자. 그래서 나를 도울 만한 자들을 찾아보자.'

태조는 생각 끝에 왕궁으로 돌아갔다. 하지만 아무리 찾아봐도 어느 신하 하나 선뜻 찾아와 충성을 맹세하는 이가 없었다. 실망한 태조는 분을 이기지 못하고 함흥으로 돌아가 버렸다. 그러자 태종이 다시 태조를 달래기 위해 차사를 보내고자 했는데, 목숨을 잃을 것이 두려워 선뜻 나서는 사람이 없었다.

태종은 또다시 차사로 자원할 사람을 찾았다. 그러자 당시 승추부 판사로 있던 박순[5]이 앞으로 나섰다. 박순 역시 성석린과 마찬가지로 태조의 옛날 친구였다.

박순은 새끼가 있는 어미말을 타고 함흥으로 갔다. 그리고 태조가 머무르는 곳 근처에 이르자, 새끼말을 나무에 매어 놓고 어미말만 타고 가서 태조를 만났다.

박순이 태조에게 절을 하고 있을 때 어미말이 뒤를 돌아보며 울었다. 박순이 말을 끌고 집 안쪽으로 들어가려 하자, 어미말은 버티고 서서 움직이지 않았다.

그 모습을 이상하게 여긴 태조가 물었다.

"도대체 이 말이 왜 이러는 것인가?"

박순이 대답했다.

"새끼말이 방해가 되어 저기 들판에 매어 놓았더니, 어미와 새끼가 서로 떨어지기 싫어 저렇게 울부짖는 것입니다."

태조는 어미와 새끼를 떨어뜨려 놓지 말라며 내관에게 들판에 묶여 있는 새끼말을 데려오라고 했다.

박순은 며칠간 그곳에 머물렀다. 그리고 하루는 태조와 마주 앉아 장기를 두는데, 어미쥐 한 마리가 기둥 아래로 떨어지는 자기 새끼를 가까스로 붙잡아 찍찍거리며 끌어올리고 있었다.

박순이 그 순간을 놓치지 않고 눈물을 흘리며 태조에게 간청했다.

"전하, 저길 보소서. 한낱 저 쥐와 같은 짐승도 자기 새끼를 위해 목숨을 아끼지 않나이다. 부디 우리 왕을 불쌍히 여겨 도성으로 돌아가소서."

태조가 그 간절한 호소를 받아들이며 말했다.

"그대의 말이 옳도다. 내 곧

6. 용흥강

함흥평야를 가로지르는 강으로 함흥 아래 영흥 지역을 흐른다.

7. 조영무 (?~1414)

고려 말~조선 초의 무신. 중국에서 귀화한 조지수의 고손자이다. 서출(첩의 소생)로 출신이 미천하였으나 이성계의 사병이 되어 개국 공신에 올랐다.

8. 이천우 (?~1417)

조선 초기의 무신으로 태조 이성계의 배다른 형인 이원계의 둘째 아들이다.

도성으로 돌아갈 것이다."

그 말을 믿고 박순은 돌아갔는데, 태종과 전쟁을 준비하고 있던 조사의와 강현이 들어와 태조가 도성으로 가는 것을 극구 말렸다. 그들은 박순이 처음부터 태조의 마음을 움직이기 위해 온 자라며 그를 죽여야 한다고 주장했다.

조사의와 강현이 강력하게 박순을 죽여야 한다고 주장하자, 고민 끝에 태조가 말했다.

"지금 뒤쫓아 가서 박순이 용흥강[6]을 건너지 못했으면 죽여도 좋다."

태조는 박순이 이미 용흥강을 건넜을 것으로 판단하고 그렇게 말했던 것이다. 그러나 박순은 도중에 병이 나서 일정보다 천천히 돌아가고 있었고, 조사의의 군대가 용흥강에 도착했을 때 이제 막 배에 오르고 있었다. 조사의는 군대를 몰아 강으로 뛰어들었고, 이내 박순을 칼로 내리쳐 죽였다.

그 소식을 들은 태조는 자신의 좋은 친구가 죽었다며 무척 슬퍼하였다. 그리고 그는 박순에게 한 약속을 지키기 위해 도성으로 돌아갔다. 하지만 태종의 얼굴을 보자, 다시 화가 치밀어 올라 함흥으로 돌아와 버렸다.

태조가 함흥으로 돌아오는 것과 때를 같이 하여 조사의는 왕이 된 태종을 내쫓아야 한다며 군대를 일으켰다. 조사의가 태종을 처단하자며 군대를 일으키자, 함흥과 안변을 중심으로 함경도 백성들이 대거 가세하여 어느덧 군대의 숫자는 3천 명에 육박하게 되었다.

함흥에서 반란이 일어났다는 소식을 접한 태종은 조영무[7], 이빈, 이천우[8] 등을 앞세워 반란군 진압에 나섰다.

먼저 선봉대는 이천우가 지휘했다. 하지만 이천우는 조사의 군대에게 포위되어 부하의 절반을 잃고 퇴각했다. 첫 싸움에서 승리한 조사의 군대는 위세 등등하여 평안도 쪽으로 진격하였다. 그러자 많은 평안도 백성이 합세하여 병력은 순식간에 1만 명이 넘었다.

당황한 태종은 도성방어군 일부를 제외하고 병력 4만 명을 동원하여 반란군 진압에 나섰다. 4만의 대군이 몰려온다는 소식을 들은 조사의 병사들은 겁을 먹고 스스로 무너지기 시작했다.

그러던 중 청천강 부근에서 조사의 군대와 정부군이 한바탕 싸움이 붙었는데, 이 싸움에서 조사의 군대는 크게 패했고, 조사의와 그의 아들 조홍, 강현 등 반란의 주모자들이 모두 붙잡혔다.

체포된 그들은 며칠 뒤에 도성으로 끌려가 형장의 이슬로 사라졌다. 하지만 태조는 여전히 함흥에 머물며 도성으로 돌아오지 않았다.

태종은 다시 함흥으로 차사를 보내려 했는데, 이번에도 누구 하나 나서지 않았다.

태종은 고민 끝에 무학대사[9]를 보내기로 했다. 무학은 조선의 국사였고, 태조가 스승으로 믿고 따르던 스님이었다. 태종은 전국을 수소문하여 무학을 데려오게 한 뒤, 간곡하게 부탁

9. 무학대사 (1327~1405)
고려시대 대몽항쟁의 명장 박서의 5대손으로 알려진 무학은 이성계를 일개 장수에서 군왕으로 이끈 사람이다. 이성계는 무학을 스승으로 삼고 왕사로 받들었다.

했다.

"스님, 아버님이 도성에 계시지 않으니 곳곳에 역모꾼들이 들끓어 나라가 편안하지 않습니다. 스님께서 아버님을 모시고 와 주십시오."

태종의 부탁을 받은 무학은 길을 떠나 함흥에 도착했다. 그리고 태조를 뵙고 말했다.

"전하, 모든 것이 전하께서 저지른 일입니다. 이제 그만 돌아가시지요."

태조는 무섭게 화를 내며 소리쳤다.

"방원이 그놈은 자기 형제를 죽이고, 아비를 내쫓은 망나니외다. 그런 놈을 어떻게 왕의 자리에 앉혀두란 말이오!"

무학이 대답했다.

"전하께서 고려왕조를 무너뜨리고 많은 왕씨들을 모두 물에 빠뜨려 죽였으니, 그 원한이 불길처럼 일어나 전하의 자손들끼리 칼을 들고 서로 죽이게 만든 것입니다."

태조는 한참 동안 아무 말도 하지 않고 고개를 들어 하늘만 쳐다보았다. 그러다 한참 만에 뭔가 결심한 듯 말했다.

"좋소이다. 돌아가지요."

태조가 도성으로 돌아온다는 소식이 전해지자, 태종은 크게 환영 행사를 준비했다. 그때 태종에게 하륜이 다가와 말했다.

"전하, 환영장의 천막을 지을 때 기둥을 크게 만드소서."

태종이 그 이유를 묻자 하륜은 이렇게 대답했다.

"나중에 그 이유를 저절로 알게 될 것입니다."

드디어 태조가 도성으로 돌아오는 날이 되었다. 태종은 모든 신하들을 이끌고 성대한 환영 행사를 마련했고, 도성 밖에 큰 천막을 치고 태조를 맞이했다.

말을 타고 오던 태조는 태종의 모습을 보고 무섭게 노려보았다. 그리고 소리쳤다.

"방원이 이놈! 내 기어코 네놈의 목숨을 앗아 죽은 충신들과 아들들의 원혼을 달랠 것이다."

그렇게 말하면서 태조는 화살을 꺼내 태종을 향해 쏘았다. 태조가 활을 드는 것을 보고 깜짝 놀란 태종은 급히 기둥 뒤에 숨었다.

그제야 태종은 하륜이 왜 기둥을 크게 만들어야 된다고 했는지 알았다.

"오, 하륜의 선견지명(미리 앞을 내다보고 아는 지혜)이 놀랍도다. 이런 일이 있을 줄 알고 기둥을 크게 세우라 했구나."

태종이 기둥 뒤에 숨어 있자, 태조는 활을 꺾으며 소리쳤다.

"하늘은 어찌하여 저런 불한당을 살려두시나이까!"

태종을 죽이려는 태조의 계획은 그것으로 끝나는 듯하여 태종도 안심하고 앞으로 나가 인사를 했다. 하지만 태조는 아무 말도 하지 않고 한동안 태종을 무섭게 쏘아보다가 말했다.

"아무래도 하늘이 네놈 편인 듯하다."

그리고 소매 속에서 옥새를 꺼내 태종에게 주었다. 태종은 너무 기쁜 나머지 옥새를 받아들고 눈물을 흘리며 울었다.

마침내 잔치가 시작되었고, 태조는 좌우에 신하를 앉히고 가운데 앉았다. 그때 옆줄 맨 앞에 앉아 있던 태종에게 하륜이 다가와 속삭였다.

"전하, 태상왕(태조)께서 술을 따르라 하시면 잔을 친히 올리지 마시고 내시를 통해 드리소서."

태종은 하륜 덕에 목숨을 건진 만큼 그의 말대로 내시에게 잔을 올려 태조에게 전하게 했다. 태조가 술잔을 받아 다 마시고 웃으면서 소매 속에서 쇠방망이를 꺼내 놓으며 말했다.

"아무래도 방원이 네놈이 왕이 된 것은 하늘의 뜻인가 보다."

그렇게 태조는 결국 태종의 왕위를 인정하고 이후로 다시는 함흥으로 돌아가지 않았다. 그 후 태조는 불교에 몰입하여 지내다가 1408년 5월에 창덕궁[10] 별전에서 향년 74세로 생을 마쳤다.

10. 창덕궁
서울 종로구 와룡동에 있는 궁궐. 조선 초기에 건립되어 역대 왕들이 정치를 하고 상주하던 곳이다.

사병을 모두 빼앗고 왕권을 안정시키다

가까스로 태조로부터 옥새를 받아내 정식으로 왕위를 확보한 태종은 그때부터 왕권을 강화하기 시작했다. 태종의 왕권강화는 우선 군대를 안정시키는 것부터 시작되었다. 이 일을 위해 태종은 신하들이 가진 사병을 국가 병력에 흡수하려 했다. 이 일은 이미 그가 세자로 있을 때부터 추진해오던 것이었다.

그런 태종의 정책에 여러 신하들이 불만을 품었지만, 대부분 두려워서 순종했다. 그러나 많은 사병을 거느리고 있던 이거이와 조영무는 노골적으로 불만을 쏟아냈다.

이거이의 둘째 아들 이백강은 태종의 사위였고, 큰아들 이저는 태조의 사위였다. 이렇듯 왕실과 겹사돈을 맺고 있던 그는 정승의 벼슬에 있으면서 막강한 권력을 누리고 있었다. 그는 정도전을 제거할 때 군대를 동원하여 태종을 도왔고, 방간의 난 때도 역시 태종을 도와 공신의 반열에 올라 있었다.

조영무는 원래 일개 군졸에 불과했으나 이방원의 명령을 받아 조영규와 함께 정몽주를 살해한 공로로 출세한 인물이었다. 또 정도전을 제거할 때 이방원을 도와 공신이 되었고, 방간의 난 때도 역시 이방원을 도와 공신이 되었다.

그런 그들이 사병을 내놓으라는 태종의 정책에 불만을 품고 있다는 소리는 이내 태종의 귀에 들어갔다.

태종은 자신이 가장 믿었던 자들이 반기를 든다며 화를 냈다. 그리고 그들을 유배시키고 그들의 사병을 모두 국가 병력에 흡수시켜 버렸다. 태종은 이렇듯 강력한 의지로 국가의 기강을 다잡았던 것이다.

그렇게 군대를 안정시킨 태종은 곧 전반적인 국가 조직을 강화시켰다. 그가 우선 실시한 것은 육조직계제[11]였다.

당시 조선 조정은 의정부서사제를 실시하고 있었는데, 이는 육조의 장관들이 의정부[12]의 정승들에게 업무를 보고하고, 정승

11. 육조직계제
영의정, 좌의정, 우의정이 중심이 되는 의정부서사제와 달리 왕이 이조, 호조, 예조, 병조, 형조, 공조 등의 6조를 직접 관할하는 방식으로, 태종이 왕권강화를 위해 마련한 제도이다.

12. 의정부
조선시대 관리의 통솔과 정치를 총괄하던 행정기관이자 정치기관이다. 의정부의 모든 일은 대체로 영의정, 좌의정, 우의정을 중심으로 한 삼정승이 합의하여 처리하였다.

들은 그것을 정리한 뒤 왕과 상의하여 정책을 결정하는 방법이었다. 이 때문에 정승들의 힘은 강한데 비해 상대적으로 왕의 힘이 약했던 것이다. 태종은 이를 개선하기 위해 전격적으로 육조직계제를 실시했다. 육조직계제는 장관들이 정승들을 거치지 않고 직접 업무를 왕에게 보고하는 제도였다. 이는 결과적으로 왕의 힘을 강화시켰다.

태종은 학문 분야의 발전을 위해 성균관[13]을 확대하고 10학[14]을 설치하기도 했으며, 과거제도에서 집안보다는 능력 중심으로 인재를 뽑도록 하는 제도를 마련했다.

태종은 또 백성들의 여론을 듣는 일도 소홀히 하지 않았다. 백성들이 억울해도 하소연할 곳이 없어 눈물을 머금고 사는 일이 허다했는데, 이를 개선하기 위해 큰북을 마련하여 왕에게 하소연하는 제도를 만들었다. 이것이 바로 신문고[15]제도다. 신문고제도는 조정 대신들의 소리만 듣는 정치를 극복하고 백성의 안정된 삶을 통해 국가의 안정과 번영을 이루기 위해 마련한 제도였다.

이 외에도 해군력의 강화를 위해 거북선[16]을 개발하여, 직접 임진강 나루에 나가 해전 연습하는 것을 보기도 했으며, 인구의 이동을 제대로 파악하고 세금을 정확하게 걷기 위해 오늘날의 주민등록증에 해당하는 호패법[17]을 실시하기도 했다.

태종은 왕권을 강화시키는 과정에서 자신의 처남

호패

16세 이상의 남자에게 발급하던 오늘날의 주민등록증이다. 성씨의 본관과 이름, 태어난 해가 적혀 있다.

개인 소장

네 명을 모두 죽이는 비정한 모습을 보이기도 했다.

태종의 왕비 원경왕후 민씨에게는 네 명의 남동생이 있었는데, 그들 중에 첫째와 둘째인 민무구와 민무질[18]은 태종이 왕위에 오르는 데 중요한 역할을 했다. 그 때문에 그들은 자신들이 태종을 왕위에 앉혔다며 거만한 태도를 보였다. 거기다 당시 세자였던 양녕대군[19]은 외가에서 자란 탓에 외삼촌인 그들과 무척 친했다. 그들은 그런 배경에 의존하여 안하무인으로 조정 대신들을 대했다.

그러자 태종은 민씨 형제의 힘이 너무 강해지는 것을 경계하기 시작했다. 그래서 태종은 그들 형제가 어린 세자를 끼고 정권을 마음대로 하려고 했다는 죄를 씌워 귀양을 보냈다. 이후 민무구와 민무질에게 자살하라는 명령을 내려 두 사람을 죽였다.

원경왕후에겐 무구와 무질 말고도 무휼과 무회라는 두 동생

13. 성균관

인재 양성을 위하여 한양에 설치한 최고 학부의 유학 교육기관이다.

14. 10학

태종 6년에 좌의정 하륜의 건의에 따라 10학을 설치하였는데 그 내용은 다음과 같다.
첫째는 유학(儒學), 둘째는 무학(武學), 셋째는 이학(吏學), 넷째는 역학(譯學), 다섯째는 음양풍수학(陰陽風水學), 여섯째는 의학(醫學), 일곱째는 자학(字學), 여덟째는 율학(律學), 아홉째는 산학(算學), 열째는 악학(樂學)이다. 각기 제조관(각 분야를 통솔하던 관리)을 두었다.

15. 신문고

조선시대에 대궐 앞에 달아 백성이 원통한 일을 하소연할 때 치게 했던 북. 태종의 중요한 치적으로 기록된 신문고제도는 시정을 살피고 백성이 억울한 일을 당했을 때 자유롭게 청원할 수 있도록 하기 위해 마련한 것이었다.

16. 거북선

거북선에 관한 기록이 문헌상에 나타난 것은 《태종실록》부터이다. 왜구 격퇴를 위한 돌격선으로 특수하게 제작된 장갑선의 일종으로 짐작된다.

17. 호패법

오늘날의 주민등록증과 같은 호패를 16세 이상의 남자에게 발급하던 법이다. 고려 말에 원나라의 제도를 참고하여 만든 법이다. 조선 태조 때에 이를 실시할 것을 논의하여 오다가 1413년, 태종 13년에 호패법을 실시하였다.

이 있었다. 그들은 곧잘 중전을 찾아와 형들의 억울함을 호소했는데, 원경왕후는 동생들의 그런 말들이 태종의 귀에 들어갈까 무척 염려했다. 아니나다를까, 무휼과 무회가 형들의 억울함을 호소하고 다닌다는 소리를 듣고 태종은 노발대발했다.

"고얀 놈들! 감히 나를 욕하고 다닌단 말이지! 여봐라, 당장 무휼과 무회를 유배시켜라!"

태종은 유배시킨 무휼과 무회마저 사약을 내려 죽여 버렸다.

또 그들의 아내와 자식들을 모두 두만강이 흐르는 변방으로 내쫓아 버렸다.

아무리 왕권강화를 위해서 한 일이라지만 태종이 네 명의 처남을 모두 죽이고, 그들의 아내와 자식들까지 변방으로 내쫓은 것은 지나친 행동이었다.

양녕대군을 폐위하고 세종에게 왕위를 물려주다

태종은 무구 형제들을 죽인 것으로 만족하지 않았다. 외삼촌들인 무구 형제와 친했던 양녕대군도 폐위시킬 생각이었다. 태종은 양녕대군이 왕위를 이을 적임자가 아니라고 생각하고 있었다.

사실, 양녕대군은 왕위에 오를 만한 인물이 아니었다. 그는 어릴 때부터 책은 싫어하고 새나 잡으러 다니는 등 노는 데만 정신이 팔려 있었다.

태종은 세자 신분인 양녕대군에게 매질을 할 수가 없었기 때문에 양녕대군이 잘못하면 동궁을 시중하는 내시들을 불러 매질을 하곤 했다.

하지만 그래도 소용이 없었다. 세자는 늘 뒷문으로 몰래 빠져 나가 엉뚱한 짓을 하기 일쑤였다.

어린 시절을 그렇게 보낸 세자는 어느덧 청년으로 성장했는데, 이때부터는 매일같이 여자들 뒤꽁무니만 쫓아다녔다. 또한 세자는 밤마다 궁궐을 몰래 빠져 나가 기생집을 찾았다. 기생뿐 아니라 심지어 멀쩡한 여염집(일반 백성의 살림집) 처녀를 끌고 들어오기도 했다.

세자가 민가의 처녀를 끌고 들어온다는 소문을 들은 태종은 화가 머리끝까지 치밀어 올라 세자를 불러오라고 했다.

하지만 양녕대군은 몸이 아프다는 핑계로 태종에게 가지 않았다. 태종은 화를 이기지 못하고 또다시 동궁 내시들을 잡아와 매를 때리며 소리쳤다.

"앞으로 또다시 세자가 궁 밖으로 나가는 일이 있으면 너희들의 목을 칠 것이다."

하지만 세자는 그 뒤에도 여자들을 몰래 동궁으로 끌고 들어왔다. 그리고 급기야 임신을 시키는 일까지 벌어졌다.

태종은 세자가 끌어들인 여자를 잡아다가 당장 감옥에 집어넣으라고 소리쳤다.

그때 감옥에 갇힌 여자는 어리라는 기생이었다. 그녀는 원래 어떤 양반의 첩이었으나 양녕대군이 강제로 끌고 들어온 여자였다.

18. 민무구, 민무질
태종의 정비인 원경왕후 민씨의 동생들로 여흥부원군 민제의 아들들이다.

19. 양녕대군
태종의 큰아들로, 이름은 제이다. 1394년에 태종 이방원과 원경왕후 민씨 사이에서 태어났다.

숭례문 현판

숭례문 현판의 글씨는 양녕대군이 썼다는 설과 안평대군이 썼다는 두 가지 설이 있다. 아마도 처음에는 양녕대군이 썼다가 세종 29년에 숭례문을 신축한 뒤에는 안평대군이 쓴 것으로 판단된다. 숭례문 현판은 특이하게도 세로로 쓰여졌는데, 이는 관악산의 화기를 누르기 위한 것이라고 한다.

서울시 중구 남대문로

어리가 감옥에 갇히자, 양녕대군은 밥도 굶고 방 안에 처박혀 누워 있었다. 그 소식을 듣고 태종이 세자를 불렀다.

"어리를 풀어준다면, 이제 앞으로 다시는 그런 짓을 하지 않겠다고 약속할 수 있겠느냐?"

세자가 대답했다.

"물론입니다. 공부도 열심히 하고, 다른 짓을 하지 않겠습니다."

태종은 내시들에게 어리를 풀어주고, 비단을 선물로 주도록 하라고 말했다.

하지만 세자는 며칠 뒤에 어리를 다시 궁궐 안으로 끌어들였다. 그 소식을 듣고 태종은 여러 정승들을 불러놓고 한숨을 쉬며 세자를 바꾸겠다고 선언했다. 이에 정승들이 만류하며 한 번만 더 기회를 주자고 간청하였다. 태종은 정승들의 뜻을 받아들였다.

정승들은 세자에게 몰려가 말했다.

"만약 이번에도 엉뚱한 일을 벌이면 세자께서 필시 폐위될 것입니다. 그러니 제발 마음을 굳게 먹고 앞으로는 행동에 유의하소서."

하지만 세자는 반성하는 빛이 전혀 없었다. 오히려 태종에게 편지를 올렸는데, 그 내용은 이런 것이었다.

'아버님께서는 열 명도 넘는 첩을 거느리고 계시면서 어째서

이 아들은 단지 한 명을 첩을 거느리고자 하는데, 그리도 야박하게 구십니까? 자식이란 모름지기 아버지를 보고 배우는 것입니다. 소자가 어리를 좋아하는 것은 남녀가 만나 정을 나누는 것인데…….'

편지를 읽고 얼굴이 붉게 달아오른 태종은 당장 명령을 내렸다.

"세자 제를 폐위하라! 그리고 다시는 도성에 들어오지 못하도록 하라! 그놈 얼굴만 봐도 내가 몸서리가 난다."

세자 양녕대군을 폐위시킨 후, 태종은 여러 정승들을 불러 누구를 세자로 세웠으면 좋겠냐고 물었다. 하지만 정승들은 태종 스스로 결정할 것을 권했고, 태종은 셋째 아들 충녕대군 도(세종)를 세자로 삼겠다고 하였다. 정승들도 모두 그렇게 생각하고 있었다.

원칙대로 하면 첫째 아들 양녕대군이 세자에서 폐위되었으니, 둘째 효령대군[20]이 세자가 되는 것이 순서에 맞았다. 하지만 효령대군은 마음이 연약하고 기백이 없어 한 나라를 지배하는 제왕이 될 수 없다고 판단하고 충녕대군을 택한 것이다.

충녕대군이 세자가 되자, 태종은 또다른 계획을 세웠다.

"충녕대군이 이제 갓 스무 살밖에 되지 않았는데, 내가 갑자기 죽기라도 하면 나라를 이끌어가기 어려울 것이다. 미리 나라를 다스리는 법을 교육시키는 것이 좋겠다."

태종은 신하들을 모아놓고 말했다.

"나는 요즘 몸이 좋지 않아 자주 병상에 누우니, 국사를 처리할 기운이 없다. 그러니 세자에게 왕위를 물려주고 좀 쉬고자

20. 효령대군
태종의 둘째 아들로, 이름은 보이다. 효령대군은 1396년에 태종 이방원과 원경왕후 민씨 사이에서 태어났다.

64　조선사 이야기

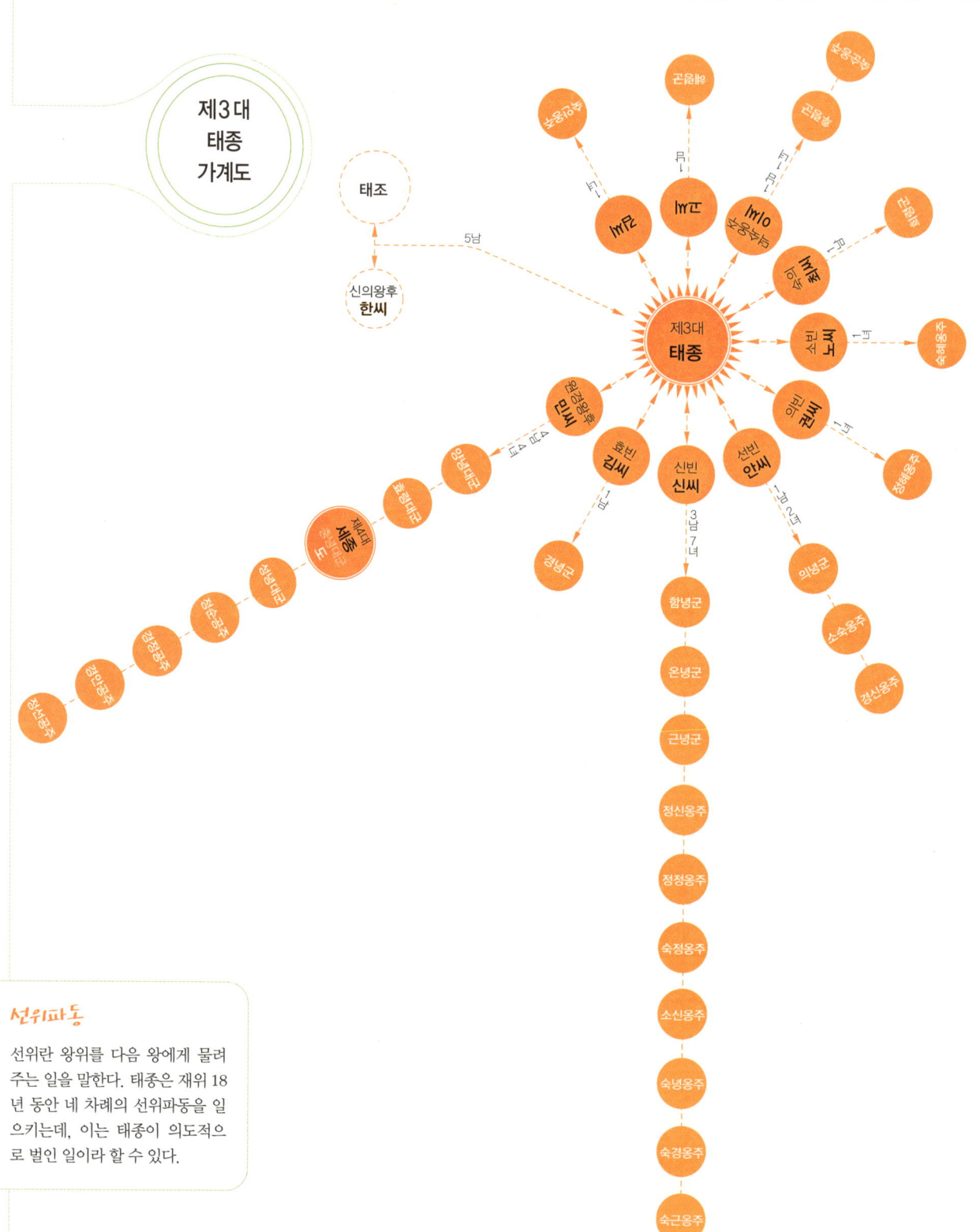

선위파동

선위란 왕위를 다음 왕에게 물려주는 일을 말한다. 태종은 재위 18년 동안 네 차례의 선위파동을 일으키는데, 이는 태종이 의도적으로 벌인 일이라 할 수 있다.

한다."

신하들은 강력하게 반대했지만, 태종은 물러서지 않았다. 태종은 내시에게 옥새를 세자에게 갖다주라고 명령했다.

옥새를 받아든 충녕대군은 무척 당황하여 옥새를 들고 태종에게 찾아와 말했다.

"아바마마, 소자는 아직 나라를 이끌만한 그릇이 되지 못했고, 더 많은 공부가 필요합니다. 옥새는 받들 수 없나이다."

그러자 태종이 자상한 말투로 타일렀다.

"이봐라, 세자야. 네 나이가 이제 스물이다. 대장부 스물이면 천하를 호령할 수 있는 나이다. 내게 깊은 뜻이 있어 그러니 옥새를 받들어 왕위에 오르도록 해라."

하지만 충녕대군은 여전히 태종의 말을 받아들일 수 없었다.

"아버님께서 아직 건강하신데, 어째서 소자더러 옥좌에 오르라고 하십니까?"

그 말을 듣고 태종은 한 가지 제안을 했다.

"좋다. 그러면 군사 지휘권은 내가 그대로 가지고 있으마. 그러니 너는 조정을 한번 이끌어보도록 해라. 너라면 잘 할 수 있을 것이야."

태종은 왕위를 넘기는 과정에서 혹 혼란이 생길 수도 있다는 판단으로 군사 지휘권은 넘겨주지 않았던 것이다. 충녕대군은 여러 차례 왕위를 받는 것을 거부했지만 태종의 결심을 꺾지는 못했다. 결국, 태종은 그렇게 왕위를 충녕대군에게 넘기고 상왕으로 물러났다. 때는 1418년 8월이었다.

태종의 생애

태종은 태조의 다섯 번째 아들이며, 신의왕후 한씨 소생으로 1367년 5월 16일에 함흥 귀주동에서 태어났다. 이름은 방원이고, 자는 유덕이다.

그는 고려왕조 때부터 정치에 뜻이 있어 아버지 이성계를 보좌했고, 1392년에 정몽주와 공양왕이 이성계의 낙상을 기회삼아 정도전, 남은, 조준 등 측근들을 모두 쫓아내자, 수하 조영규 등을 시켜 정몽주를 참살하는 극단적인 조치를 취하였다. 덕분에 이성계는 권력을 회복하여 고려왕조를 무너뜨리고 조선을 개국하였고, 방원은 개국공신 1등에 올라 유력한 후계자로 부상했다.

그러나 이성계가 정도전, 남은 등의 공신들에 의지하여 신덕왕후 강씨 소생인 방석을 세자로 세우자, 그는 1398년에 정변을 일으켜 반대파를 축출하고 방석을 살해한 후, 자신의 형 방과(정종)를 왕위에 앉혔다. 1400년에 방간의 난을 진압하고 세자로 책봉되었으며, 그 해 11월에 왕위에 올랐다.

왕위에 오른 그는 과감한 중앙집권화 정책을 펼치며 왕권강화에 주력했고, 국가 전반에 걸친 개혁을 단행하여 조선왕조의 기반을 다지며 17년 10개월 동안 재위했다. 재위 기간 동안 그는 네 차례에 걸친 선위파동을 일으켜 조정을 혼란스럽게 하였으며, 자신의 처남들인 민무구, 민무질 등을 죽이고, 세자 양녕대군을 폐위하는 극단적인 행동들을 보이기도 했다. 그리고 1418년 8월에는 스스로 상왕으로 물러나면서 세자 도(세종)에게 전격적으로 왕위를 넘겼다.

그는 상왕으로 물러난 뒤에도 병권을 쥔 채 막강한 정치적 영향력을 행사하며 당시 영의정이었던 세종의 장인 심온의 가문을 몰락시키기도 했다. 또 왜구가 조선 연안을 위협하자, 대마도를 정벌하여 국력을 과시하기도 했다.

그는 상왕으로 4년간 머물다가 1422년 5월 10일에 천달방 새 대궐에서 56세를 일기로 생을 마감했다.

명나라 조정에서 시호를 공정이라 하였고, 조선에서는 묘호를 태종으로 올렸다. 세종 18년에 성덕신공의 시호를 추가하였고, 숙종 9년에 예철성렬의 시호가 보태져 정식칭호는 '태종공정성덕신공문무예철성렬광효대왕(太宗恭定聖德神功文武睿哲成烈光孝大王)' 이다.

능은 광주 서쪽 대모산(현재 서초구 내곡동)에 마련되었으며, 능호는 헌릉이다.

태종은 1명의 정비와 9명의 후궁을 두었다. 정비에게서 4명의 적자와 4명의 적녀를 얻었으며, 후궁들에게서 8남 13녀의 서자와 서녀를 얻었다.

헌릉 신도비
서울시 서초구 내곡동

신도비

죽은 사람의 행적을 기록하여 묘 앞에 세우는 비이다. 신도비는 왕릉에만 세우지 않고 일반 양반들의 무덤에도 세운다. 때문에 전국적으로 셀 수 없을 정도로 많은 신도비가 있다. 왕릉에 신도비가 세워져 있는 것은 세종의 영릉까지이며 그 뒤의 능에는 신도비가 없다.

태종의 왕비

원경왕후 민씨 (1365~1420)

원경왕후 민씨는 여흥 민씨 제의 딸이다. 그녀의 아버지 민제는 조용한 성격을 가졌고, 학문에도 열정이 많은 인물이었다. 그는 여러 제자를 길러내기도 했는데, 태종 이방원도 그 중에 한 명이다. 이방원은 사부를 존경하였고, 사부의 둘째 딸을 아내로 맞아들였다. 그녀가 바로 원경왕후 민씨다.

민씨는 1365년 7월 11일 개성 철동에서 태어났으며, 18세 때인 1382년에 자신의 아버지에게 학문을 배우고 있던 이방원과 결혼하였다.

성격이 대범했던 그녀는 난세를 이용하여 권력을 잡고자했던 남편 이방원과 잘 어울리는 편이었다. 1398년 제1차 왕자의 난 때에는 이방원에게 직접 갑옷을 입히며 반정을 독려하기도 했고, 자신의 동생들과 그 사병들을 동원하여 정적인 정도전과 남은 등의 세력을 제거하는 데 큰 도움을 주기도 했다.

1400년 2월에 방원이 '방간의 난'을 제압하고 세자에 책봉되자 정빈에 봉해졌으며, 그 해 11월에 방원이 즉위하자 왕비에 책봉되어 정비의 칭호를 얻게 되었다.

그러나 태종보다 두 살이 위였던 민씨는 왕비가 된 뒤엔 많은 고초를 겪었다. 태종이 왕이 된 뒤에 첩을 많이 두었고, 이로 인해 민씨는 태종과 자주 다퉜다. 두 사람의 다툼은 단순한 사랑싸움을 넘어서서 외척의 권력 형성과 양녕의 세자 책봉 문제까지 영향을 미쳤다. 민씨의 동생들인 민무구, 무질 등이 세자 제(양녕대군)와 친했던 까닭에 태종은 처남들을 극도로 경계하였고, 급기야 민무구 형제들을 모두 죽여 버렸다.

민무구와 무질은 물론이고 무회와 무휼까지 잃은 원경왕후는 태종과 극한 대립을 하였고, 그 바람에 한때는 왕위에서 내쫓길 뻔한 위기에 처하기도 했다. 그러나 태종은 자신의 세자와 왕자들에게 악영향을 끼칠 것을 염려해 차마 그녀를 내쫓지는 않았다.

원경왕후 민씨와 태종의 대립은 근본적으로 태종의 지나친 권력욕과 외척이 왕실의 힘을 능가할지도 모른다는 불안감에서 비롯된 것이었다.

거기다 민씨의 주장대로 태종은 왕이 된 뒤로 지나치게 후궁들에게 집착하는 경향을 보여 군왕으로서 체면을 깎은 것이 사실이었다. 민씨는 당시 태종의 그런 무원칙한 행동을 저지하려다 오히려 피해만 보았던 것이다.

원경왕후 민씨는 1420년 7월 10일 수강궁 별전에서 56세를 일기로 죽었다.

그녀의 소생으로는 양녕대군, 효령대군, 충녕대군, 성녕대군 등 4남과 정순공주, 경정공주, 경안공주, 정선공주 등 4녀가 있다.

능은 헌릉으로, 태종의 묘와 함께 쌍을 이루며 현재 서울시 서초구 내곡동에 있다.

제4대 세종실록

왕도정치를 실현시킨 위대한 성군 세종

세종시대의 세계 약사

중국에서는 명나라가 남경에서 북경으로 천도하였다. 유럽은 1419년 종교개혁 문제와 관련하여 신성로마제국에서 후스전쟁(보헤미안전쟁)이 발발한 이래 영국과 프랑스, 독일 등 대부분의 국가들이 백년전쟁, 도시전쟁 등으로 전운에 휩싸여 있었다. 그 전쟁 중에 프랑스의 잔다르크가 화형되었다. 독일에서는 1445년에 구텐베르크의 인쇄본이 간행되었다.

태종이 심온을 죽이고 왕비를 내쫓으려 하다

1418년 6월, 태종의 셋째 아들 충녕대군 도는 폐위된 양녕대군 대신 왕세자에 책봉되었고, 두 달 후인 8월에 왕위에 올랐으니, 그가 바로 우리 역사상 가장 위대한 왕으로 불리는 세종이다. 하지만 세종도 즉위 초에는 적지 않은 어려움을 겪었다.

세종이 왕위에 올랐던 1418년 8월, 상왕 태종을 몹시 화나게 하는 일이 발생했다. 병조참판 강상인이 금위군(궁궐수비대)에 관한 보고를 했는데 세종에게만 하고 태종에겐 하지 않았던 것이다. 태종은 비록 상왕으로 물러났지만 군권은 그대로 쥐고 있었는데, 강상인은 그 점을 무시했던 것이다. 태종은 그 일로 몹시 분개하여 병조판서 박습과 참판 강상인을 유배시켰다.

"이쯤 해 두면 이제 나를 무시하는 일이 없겠지."

그러나 그 해 9월, 태종을 분노하게 만든 사건이 하나 더 일어났다. 세종의 장인이자 영의정이었던 심온[1]이 명나라에 사신으로 가게 됐는데, 조정 대신과 양반들이 구름처럼 몰려들어 그를 전송하였던 것이다.

태종은 그 일이 몹시 마음에 걸렸다.

"외척의 권세가 저렇게 하늘을 찌를 듯하면, 자연히 왕권이 약해지는 것이다. 아무래도 심온을 죽여야겠다."

태종이 그런 생각을 하고 있는데, 병조[2]의 좌랑으로 있던 안헌오가 이런 보고를 했다.

"상왕 전하, 강상인과 심정, 박습이 말하길 군대의 지휘는 두 곳에서 하면 안 된다고 하며 상왕 전하보다는 왕에게 군권을 맡기는 게 옳다고 했답니다."

심정은 심온의 동생이었다. 그는 당시 군사령관 격인 도총제를 맡고 있었다. 태종은 심온을 제거할 기회다 싶어 당장 강상인과 박습, 심정 세 사람을 잡아다 문초하게 했다. 이것이 바로 강상인의 옥[3]이라 불리는 사건이었다. 세 사람은 곧 심하게 고문을 당했는데, 심정은 고문을 이기지 못해 자기 형 심온과 짠 일이라고 거짓말을 하고 말았다.

태종은 자신을 업신여기고 나라를 뒤흔든 주모자가 바로 심온이라고 말하며, 그를 반역도로 다룰 것을 명령했다.

그때 심온은 명나라에서 돌아오고 있는 중이었다. 심온이 국경을 통과하여 의주에 도착하자, 병사들이 기다리고 있다가 그

1. 심온 (?~1418)
세종의 장인이며 소헌왕후 심씨의 아버지이다.

2. 병조
조선시대에 군사업무를 총괄하던 기관으로 지금의 국방부에 해당한다.

3. 강상인의 옥(獄) (1418)
태종의 병권 장악에 불만을 토로했다 하여 강상인과 박습, 심정, 심온 등이 연루되어 모반대역죄로 처단된 사건이다.

즉위년, 원년

즉위년은 왕이 즉위한 해를 가리키고, 원년은 왕위에 오른 햇수를 셀 때 시작하는 해(재위 1년)를 가리킨다.

를 체포했다.

한편, 태종은 심온을 벌하는 문제를 놓고 대신들과 의견을 나누고 있었다.

"심온의 죄가 명백하게 드러났으니 마땅히 극형에 처해야 할 것이다."

그러나 대부분의 신하들은 심온의 극형을 반대하였다. 단, 심온을 시기하고 있던 좌의정 박은[4]이 태종의 주장에 동조하였다. 결국, 박은과 태종의 주장대로 심온을 극형에 처하기로 결정하였다.

그때 심온은 의주 관아에 붙잡혀 있었다. 그에게 형조[5]의 포교가 와서 사형을 집행하려고 하자, 심온이 말했다.

"도대체 내가 무슨 죄를 지었는지는 알고 죽어야 할 것이 아닌가."

하지만 심온은 끝내 자신이 무슨 죄를 지었는지도 모르고 사약을 먹고 죽어야 했다. 이것은 모두 태종이 계획적으로 심온을 죽이고자 했기 때문이다.

심씨 집안에서는 그 일이 모두 박은 때문이라고 하면서 자손들에게 박씨 집안과는 절대로 결혼하지 말 것을 명령했다. 이후로 심씨와 박씨는 결혼하지 않는 풍습이 생겼다.

심온이 죽자, 박은 등은 세종의 왕비 소헌왕후를 폐위시켜야 한다고 주장했다. 세종은 그들과 격론을 벌이며 결사적으로 반대했다.

박은은 왕비의 아비 심온이 국법을 어겨 죽임을 당했고, 왕비의 어머니는 노비가 되었으며, 형제들 또한 노비가 됐는데, 어찌 왕비를 폐위하지 않을 수 있느냐고 따졌다. 하지만 세종은 죄 없는 왕비를 죽일 수 없다며 버텼다.

소헌왕후 심씨는 눈물을 흘리며 불안에 떨 수밖에 없었다. 급기야 태종은 세종을 불러 왕비를 내쫓으라고 했다. 그러자 세종은 이렇게 말했다.

"그럴 순 없습니다. 일개 백성도 아내를 버리지 않는 법인데, 어찌 한 나라의 왕이 아내를 버리겠습니까? 왕은 백성의 아버지요, 왕비는 백성의 어머니입니다. 아버지가 어머니를 버리면 자식된 백성들이 어떻게 왕을 믿고 따르겠습니까?"

세종은 태종이 기어코 왕비를 내쫓으면 스스로 왕위를 내놓을 태세였다. 태종도 그런 세종의 마음을 읽고 왕비 폐위를 포기했다.

덕분에 소헌왕후 심씨는 왕비의 신분을 이어갈 수 있었지만, 그녀의 어머니는 한낱 관노 신분이었기에 모녀가 서로 만날 수도 없는 처지였다.

훗날 태종이 죽고 난 뒤에 왕비는 몰래 대궐을 빠져 나가 어머니를 만나곤 했지만, 그때도 왕비의 어머니와 형제들은 여전히 노비 신분이었다. 그 일 때문에 왕비는 평생을 눈물로 보내야만 했다.

4. 박은 (1370~1422)
고려 우왕 때 과거에 급제하여 개성부소윤 등의 관직을 거쳤으며, 조선 개국 후에는 방원에게 충성을 맹세하였다.

5. 형조
조선시대의 중앙관서인 육조의 하나로 오늘의 법무부에 해당하며 법률, 소송, 노비에 관한 업무를 관장하였다.

대마도를 정벌하다

1419년 5월, 왜선 39척이 충청도 비인(지금의 서천군)과 황해도 해주에 나타나 병선을 불태우고 약탈하는 사태가 일어났다. 군권을 쥐고 있던 태종은 대신들을 불러 비장한 표정으로 말했다.

"아무래도 대마도를 쳐야겠는데, 그대들은 어찌 생각하는가?"

대마도는 삼국시대부터 왜구의 소굴이었다. 대마도 왜구들은 툭하면 우리 땅을 약탈하고 침입해 왔다. 태종은 이번 기회에 대마도를 정벌하여 다시는 왜구가 설치지 못하도록 해야겠다고 생각했다.

하지만 정승들은 모두 반대하였다. 대마도를 치기 위해서는 수군을 동원해야 하는데, 대마도 근처는 파도가 심해 자칫 큰 피해를 입을 수도 있고, 또 대마도를 잘못 건드렸다가 일본과 전쟁을 치러야 할지도 모르기 때문이었다.

그때 병조판서를 맡고 있던 조말생[6]은 다른 주장을 했다. 그는 이번에 저들을 눌러놓지 않으면, 노략질이 더욱 심해질 것이기 때문에 반드시 대마도를 정벌해야 한다고 주장했다.

태종은 결국 대마도정벌[7]을 결정하고 세종을 불러 말했다.

"대마도를 정벌할 것이다. 어려운 일이지만 정벌에 성공하면 왜구들이 다시는 우리 백성들을 괴롭히지 않을 것이다."

태종은 곧 이종무[8]를 삼군체찰사[9]로 임명하고 병력을 출동시켰다. 대마도정벌의 책임을 맡은 이종무는 태조 때부터 많은

---

6. 조말생 (1370~1447)

조선 초기의 문신. 1401년에 증광문과에 장원급제하여 관직에 들어섰다.

7. 대마도정벌

1419년에 왜구의 본거지 대마도를 정벌한 일이다. 이때의 정벌로 큰 피해를 입은 대마도의 왜구는 조선과 화의약조를 하고 그 뒤로는 함부로 조선 해안에 나타나지 않았다.

8. 이종무 (1360~1425)

1381년, 아버지와 함께 강원도에 침입한 왜구를 격파한 공으로 정용호군이 되었다. 제2차 왕자의 난에서 방원을 도와 방간의 군사를 격퇴해 좌명공신에 봉해지기도 했다. 1419년에는 대마도를 정벌하였다.

전쟁에 참여하여 용맹을 떨친 인물이었다.

출정식은 그 해 6월 17일 거제도에서 거행되었다. 이종무 휘하에 9명의 절제사[10]가 포진되었고, 총 병력은 1만 7천2백85명이었다. 동원된 함선은 총 2백27척이었고, 배에는 65일간의 식량이 실려 있었다.

조선의 전함이 대마도로 다가가자, 대마도의 왜구들은 중국으로 떠난 자기 배들이 돌아오는 줄 알고 손을 들고 환영했다. 그러나 막상 배에서 조선 군사들이 내리자, 왜구들은 혼비백산하여 도망쳤다.

이종무는 부하 장수를 시켜 대마도주 웅와를 만나 항복을 권유하도록 했다. 또한 항복하고 다시는 조선 백성을 괴롭히지 않겠다는 맹세를 하면 배를 돌려 가겠다는 말도 전하라고 했다. 그러나 대마도주 웅와는 항복을 거부했다.

그러자 이종무는 해안가에 있는 모든 배를 압수하거나 불태우라고 명령했다. 조선군은 해안가를 돌며 적선 129척을 찾아내 그 중에 20척은 끌고 오고 나머지는 모두 불태웠다. 그래도 웅와가 항복해 오지 않자, 이종무는 다시 말했다.

"해안가의 집들을 모두 불태워라!"

그래서 태워진 집채가 모두 1939채였다. 그 가운데 적병 114명을 죽이고, 20명을 사로잡았다.

이종무는 이제 섬을 포위하고 시간을 끌면서 그들 스스로 항복해 오길 기다렸다. 그러나 대마도주는 쉽사리 항복할 기세가 아니었다. 결국, 이종무는 대마도 깊숙이 군대를 침투시켜 육

9. 체찰사
고려 말에서 조선 중기에 걸쳐 비상시에 임시로 파견하던 직책 중의 하나이다. 비상시에 군대를 지휘하거나 주요 군사업무를 맡았다.

10. 절제사
조선시대에 지방에 파견되던 무관직으로 지방의 수령을 겸하면서 국방을 담당하는 직책이다.

상전을 벌일 계획을 짰다.

선봉장은 좌군절제사 박실[11] 장군이 맡기로 하고 공격을 개시하였다. 그러나 박실은 왜구 복병에게 속아 크게 패하고 도주해왔다. 왜구는 박실을 뒤쫓아 함선까지 밀고 나왔다.

다행히 우군절제사 이순몽[12]이 군대를 이끌고 나가 적을 물리쳤다. 이순몽의 활약으로 박실은 무사히 돌아왔지만 군대의 사기는 완전히 땅에 떨어져 버렸다.

그때 대마도주 웅와가 사신을 통해 화해의 편지를 보내왔다. 자신들이 조선 사람들에게 피해를 끼쳤다면 죄송하다는 말과 함께 다시는 조선 백성을 괴롭히지 않겠다는 내용이었다. 거기다 곧 태풍이 올 것이라는 정보도 함께 덧붙였다.

대마도정벌도
세종대왕기념사업회 소장

태풍이 올 것이라는 대마도주의 말은 사실이었다. 이종무는 재빨리 함선을 이끌고 거제도로 돌아왔다. 이종무는 전열을 가다듬어 중국으로 갔던 왜구들을 공격할 준비를 시작했다.

한편, 이종무의 보고를 받은 조정 대신들은 대부분 이제 그만 전쟁을 중지해야 한다고 주장했다. 바닷가 주민들이 모두 전쟁 공포에 떨고 있는 데다, 태풍이 닥치면 군대가 모두 바다에 빠져 죽고 말 것이라는 의견이었다.

결국, 신하들의 반대로 전쟁은 거기서 끝났다. 이종무는 조정의 부름을 받고 한양으로 돌아왔는데, 돌아온 그를 기다린 것은 훈장이 아니라 감옥이었다. 사헌부[13] 관원들이 이종무의 대마도정벌은 성과가 없진 않았으나 수십 명의 병사가 죽어 패전한 것이나 다름없다며 이종무를 벌하도록 요청했기 때문이었다.

결국, 이종무는 감옥에 갇히는 신세가 되고 말았다. 화가 난 이종무는 이렇게 소리쳤다.

"오, 늙은 놈이 전장에서 죽어야 했거늘, 괜히 돌아와 이런 치욕을 당하는구나."

다행히 태종의 도움으로 이종무는 가까스로 목숨을 구했고, 이듬해에는 유배에서 풀려나 관직으로 돌아올 수 있었다.

흔히 이종무의 대마도정벌은 성공한 전쟁으로 알려져 있으나, 그 실상은 이와 같았다. 다만 정벌 이후로 왜구의 노략질은 거의 사라지게 되었으니, 대마도정벌의 효과가 아주 없었던 것은 아니었다.

11. 박실 (?~1431)
조선 초기의 무신. 참형을 당하게 된 아버지의 구명운동을 벌이자 이를 기특하게 여긴 태종의 눈에 들어 벼슬길에 올랐다. 1419년, 대마도정벌에 좌군절제사로 참가하였다.

12. 이순몽 (1386~1449)
조선 초기의 무신. 1419년, 우군절제사에 임명되어 대마도정벌에 참전하였다. 박실이 크게 패한 데 비해 이순몽은 같이 간 김효성과 함께 대승을 올렸다. 이에 대마도주 웅와가 화친을 제의하였다.

13. 사헌부
고려 말기와 조선시대의 관청으로 사간원, 홍문관과 더불어 삼사라고 한다. 사헌부에서 하는 일은 주로 관리에 대한 감사와 탄핵, 풍속에 대한 교정, 원통하고 억울한 일을 살피고 거짓된 행위를 금하는 일, 그리고 정치에 대한 언론활동 등이다.

집현전[14]을 열어 인재를 양성하다

1422년, 상왕 태종이 죽자 이때부터 세종은 탁월한 정치력을 발휘하여 조선 백성들에게

14. 집현전
조선의 건국 이념인 유교의 이론적 기틀과 유교적 의례, 제도를 마련하기 위해 설치된 학문 연구 및 인재 양성 기관이다.

15. 대제학
집현전, 홍문관, 예문관의 정2품 벼슬을 가리킨다.

16. 이수 (1374~1430)
세종의 스승이다. 태종이 왕자의 스승을 구하고자 할 때 성균관 대사성 유백순의 천거로 충녕대군과 효령대군 두 왕자의 교육을 맡게 되었다.

태평성대를 열어주었다. 하지만 나라의 발전은 왕 혼자만 뛰어나다고 되는 일은 아니다. 군주가 아무리 뛰어나도 우수한 인력이 없다면 좋은 정치는 불가능한 법이다. 그런 까닭에 세종은 즉위 초부터 인재 양성에 주력했는데, 그 인재 양성소가 바로 집현전이었다.

집현전 제도는 원래 중국에서 유래한 것으로 한나라 때에 처음 설치되었다. 우리나라에 이 제도가 처음 도입된 것은 삼국시대였지만, 구체적인 조직을 갖추고 집현전이라는 명칭을 처음 사용한 것은 고려 인종 때였다. 하지만 고려가 원나라에 지배를 받은 후로 집현전은 유명무실한 곳으로 전락했는데, 세종이 학문 기관으로 다시 세운 것이다.

세종에게 집현전을 재건하도록 건의한 사람은 좌의정 박은이었다. 1419년 2월 16일이었다.

세종이 신하들을 모아놓고 말했다.

"이제 나라에 학문을 일으켜 인재를 양성할 것이니, 경들은 아는 대로 조언하라."

그러자 좌의정 박은이 문신들을 선발하여 집현전에 모아 학문을 일으켜야 한다는 의견을 내놓았다. 세종은 몹시 기꺼워하며 박은의 말에 동의했다.

세종은 곧 집현전을 크게 확대하고 학문 기관으로 만들 것을 명령했다. 그리고 1420년 3월, 드디어 집현전이 문을 열었다.

집현전의 총장 격인 대제학[15]은 당대 최고의 학자 변계량이 맡았고, 학장 격인 제학은 세종의 스승 이수[16]가 맡았다.

세종은 그들을 불러 말했다.

"그대들은 문관들 중에 뛰어난 사람들을 선발하여 학문에 전념하도록 도와 주시오."

이렇게 해서 뽑힌 사람이 10여 명이었는데, 세종은 그 학자들에게 남다른 애정을 가지고 늘 보살폈다.

하루는 밤늦은 시간에 세종이 내시에게 말했다.

"집현전에 가서 숙직하는 선비들이 어떻게 하고 있는지 보고 오너라."

내시가 집현전으로 달려가 보니, 선비 하나가 촛불을 켜놓고 책을 읽고 있었다. 내시는 돌아와 세종에게 고했다.

집현전 학사도
세종대왕기념사업회 소장

"선비 한 사람이 책을 읽고 있었습니다."

"그래? 그 선비가 누구더냐?"

"신숙주[17]이옵니다."

그러자 세종은 내시에게 신숙주가 언제까지 글을 읽는 지 보고 있다가 잠이 들면 자신에게 알려달라고 했다.

내시는 다시 집현전으로 가서 신숙주를 유심히 관찰했다. 그리고 마침내 신숙주가 잠들자, 돌아와 세종에게 고했다.

17. 신숙주 (1417~1475)
1439년에 과거에 급제하여 벼슬길에 올랐고, 1441년에 집현전 부수찬이 되었다. 세종이 《훈민정음》을 창제하는 데 공로가 컸다. 훗날, 단종을 배신하고 수양대군 편에 서서 출세가도를 달렸으나 이 때문에 변절자의 오명을 듣게 된다. 일설에는 쉽게 맛이 변하는 숙주나물의 이름이 이런 신숙주의 행보에서 유래되었다고 한다.

18. 정인지 (1396~1478)
1414년에 과거에 급제하여 벼슬길에 올랐고, 1427년에 문관을 대상으로 치뤄진 중시에서 일등을 하여 집현전 직제학에 제수되었다. 훗날, 수양대군 편에 서 영의정의 자리에까지 오르는 영화를 누렸다.

"신숙주는 새벽까지 글을 읽다가 닭이 울고 나서야 잠자리에 들었습니다."

"가상한 일이로다. 집현전에 그토록 열심히 공부하는 선비가 있으니, 이 나라의 미래는 걱정하지 않아도 되겠구나."

세종은 내시에게 자신의 가죽옷을 벗어주며 그 옷을 들고 가서 기다렸다가 신숙주가 깊이 잠들고 나면 몰래 덮어주고 오라고 하였다.

신숙주는 아침에 일어나 왕이 가죽옷을 덮어준 사실을 알고 감동 어린 목소리로 말했다.

"전하께서 이토록 우리 학자들을 아껴주시는데, 어찌 공부를 게을리 할 수 있겠는가!"

신숙주는 자기가 겪은 일을 집현전 동료들에게 들려줬고, 집현전 학자들은 그 이야기에 감동하여 더욱 학문에 열중하게 되었다.

집현전 학자들에 대한 배려는 그뿐이 아니었다. 재위 8년에 세종은 집현전 학자들인 권채, 신석견, 남수문 등을 불러 말했다.

"이제부터 집현전에 나오지 말고 집에서 편히 지내면서 오직 독서에만 전념하라."

참으로 파격적인 조치가 아닐 수 없었다. 집에서 공부만 해도 녹봉(요즘의 월급)을 주겠다는 말이었다.

그 소식을 듣고 학자들은 모든 열정을 학문 연구에 쏟았고, 덕분에 세종시대에는 많은 뛰어난 학자들이 배출될 수 있었다.

정인지[18], 성삼문[19], 신숙주, 박팽년[20], 최항[21], 강희안[22], 이개[23] 등 당대 최고의 학자들이 바로 그들이었다.

훈민정음을 창제하다

세종의 업적 중에 절대 빼놓을 수 없는 것이 훈민정음 창제이다. 그런데 도대체 왜, 세종은 새로운 문자인 훈민정음을 만들었을까? 또 훈민정음은 언제 어떻게 만들어졌을까?

1432년 11월 7일, 세종은 신하들에게 이렇게 명령했다.

"법전을 이두로 번역하여 백성들에게 반포하도록 하라."

당시 백성들은 법을 제대로 몰라 법을 어겼다는 이유로 자주 감옥에 갇히곤 했는데, 세종이 이 문제를 해결해 주기 위해 법전을 이두로 만들어 백성들에게 나눠주라고 한 것이었다.

이두는 신라시대에 설총이 만든 언어로 한자에서 음을 빌려서 일반 백성들이 의사소통 수단으로 사용하던 것이었다.

세종의 명령이 떨어지자, 이조판서 허조[24]가 반대했다. 허조는 간악한 백성들이 법을 알게 되면 법망을 피해가는 것만 연구하여 법을 무용지물로 만들어버릴 것이라고 주장했다. 그러자 세종은 화를 내며 백성들은 자신이 불법을 저지른 줄도 모르고 감옥에 갇혀야 한단 말이냐고 반문했다. 허조가 제대로 대답을 하지 못하자, 세종은 백성이 간악하다면 그것은 모두 왕과 신하들의 잘못 때문이라며 허조를 무섭게 꾸짖었다.

19. 성삼문 (1418~1456)
1447년 문과 중시에 장원으로 급제하여 집현전 학사로 뽑혔다. 단종복위운동을 꾀하다가 그만 발각되는 바람에 세조에게 모진 고문을 당하고 능지처참(대역 죄인에게 내리던 극형)을 당해 죽었다. 사육신 중의 한 사람이었다.

20. 박팽년 (1417~1456)
세종 16년에 문과에 급제하여 벼슬을 얻었고, 이후로 집현전에 들어가 학문을 익혔다. 단종, 세조 재위시 관찰사, 형조참판 등을 지냈다. 단종복위운동을 추진하다가 세조에게 죽임을 당했다. 사육신 중의 한 사람이다.

21. 최항 (1409~1474)
조선 초기의 문신이자 학자로, 세종 16년에 문과에 장원급제하여 집현전 부수찬이 되었다. 세조 재위 기간에 《경국대전》 편찬에 참여하였으며, 1467년에는 차례로 우의정, 좌의정, 영의정에 오르기도 했다.

22. 강희안 (1417~1464)
조선 초기의 문신이자 뛰어난 화가이다. 세종 23년에 문과에 급제하였으며, 세종 25년에는 정인지 등과 함께 세종이 지은 《훈민정음》 28자의 해석을 상세히 붙이기도 하였다.

23. 이개 (1417~1456)
단종복위운동을 하다가 죽은 사육신의 한 사람이자 집현전 학자이다.

세종은 결국 법전을 이두로 번역하여 백성들에게 배포했다. 하지만 여전히 문제는 남아 있었다. 세종의 명령대로 법전을 이두로 번역하여 배포하긴 했지만, 백성들이 이두를 제대로 몰라 소용이 없었던 것이다.

이두는 비록 한자보다 쉽긴 했지만, 그래도 일반 백성들에겐 매우 어려운 수준이었기 때문이다.

이 문제로 세종은 고민을 거듭하다 비장한 결심을 하게 되었다.

"으음, 아무래도 안 되겠다. 내가 직접 문자를 만들어 백성들의 무지를 깨우쳐 줘야겠다."

하지만 해야 할 일이 너무나 많았던 세종은 그 결심을 쉽게 실천할 수 없었다.

그렇게 몇 년이 흐른 1436년 어느 날, 세종은 세자 향(문종)을 불러 자신은 꼭 해야 할 일이 있으니, 세자에게 왕위를 계승하겠다고 하였다.

세자가 깜짝 놀라며 그럴 수 없다고 하였지만, 세종은 세자를 설득하여 자기 뜻을 관철시켰다. 세종은 세자에게 서무결재권을 넘기고 매일같이 서재에 앉아 연구에 몰두했다. 세종이 주로 매달린 공부는 언어학이었다. 새로운 문자를 만들기 위해서는 언어학에 정통해야만 했던 것이다.

이 일을 위해 세종은 중국과 일본, 몽고, 여진, 티베트, 인도 등 세계 각국의 언어학 책을 구해 와 열심히 탐독했다.

그로부터 7년이 지난 1443년 12월, 세종은 드디어 훈민정음을 완성해 반포하였다.

"짐이 새로운 문자를 만들었으니, 백성들에게 가르치고, 관리들도 모두 배우게 하라."

세종은 우선 새로 만든 문자를 집현전 학자들에게 보여주고, 부족한 부분이 있으면 보충하고 필요한 일이 있으면 보고하도록 지시하였다.

그런데 집현전 학자들 중에는 세종이 만든 훈민정음의 반포를 반대하는 사람이 많았다. 특히, 훈민정음 반포를 반대한 대표적인 인물은 집현전 부제학이었던 최만리[25]였다.

최만리는 이미 문자(한자)가 있기 때문에 또다른 문자는 필요하지 않다고 주장했다. 이에 세종이 이렇게 말했다.

"비록 문자가 있다곤 하나 그것은 어디까지나 중국의 문자를 빌어 쓰고 있는 형편이다. 또한 중국 문자는 우리 발음과 달라서 일반 백성들이 전혀 사용할 수가 없다."

그러나 최만리도 물러서지 않았다. 이미 수천 년을 써온 문자가 있는데, 하루아침에 이상한 글자를 만들어 사용하라는 것은 옳지 않은 일이라는 것이었다.

그 말에 세종이 화를 발끈 내며 소리쳤다.

"그렇다면 백성들은 영원히 글을 모른 채 살아가란 말이더냐?"

최만리도 지지 않았다.

"이두가 있지 않습니까?"

최만리와 세종의 설전은 계속 되었다.

24. 허조 (1369~1439)
고려 말~조선 초 문신. 1390년 식년문과에 급제하여 벼슬길에 올랐으며, 조선왕조 개국 후에는 예악제도(예법과 음악에 관한 규칙)를 바로잡는 데 힘썼다.

25. 최만리 (?~1445)
조선 초기의 문신으로 고려시대 구재학당을 일으켰던 최충의 후손이다. 한글 창제의 불필요성, 한글의 무용론 등을 주장하였다.

"이두 또한 어렵기가 한자에 못지 않으니, 있어야 별 소용이 없음을 그대는 모르는가?"

"글자란 모름지기 보기에 아름답고 깊이가 있어야 하는데, 전하께서 만든 글자는 이상하고 천박하여 쓸 수가 없습니다."

"그것은 네가 언어학에 대해 무식하기 때문에 하는 말이다. 자고로 글자는 간단하고 쉬운 것이 좋은 법이다. 그래야 어느 백성이든 사용할 수 있기 때문이다."

"글자가 너무 쉬우면 백성들이 국법을 쉽게 생각하여 업신여기고, 문자를 공부한 선비를 함부로 알 것입니다."

"그렇다면 너는 법을 잘 알고 지식이 풍부하니, 법을 업신여기고 여기 앉은 왕을 얕보겠구나."

그 말에 최만리는 더 이상 대답하지 못했다.

그 뒤에도 최만리를 위시한 여러 집현전 학자들이 훈민정음 반포를 반대했지만, 세종은 정인지, 신숙주 등 훈민정음 반포에 찬성하는 학자들에게 명령하여 훈민정음 사용법을 익힐 수 있는 책을 만들어 백성들에게 나눠주었다.

또한 훈민정음을 과거시험 과목에 넣어 시험을 치도록 했고, 관리들에게도 훈민정음 시험을 치르도록 했다. 또한 법 중에서 백성들이 꼭 알아야 하는 것을 골라 훈민정음으로 번역하여 배포했고, 그 외에도 많은 책들을 훈민정음으

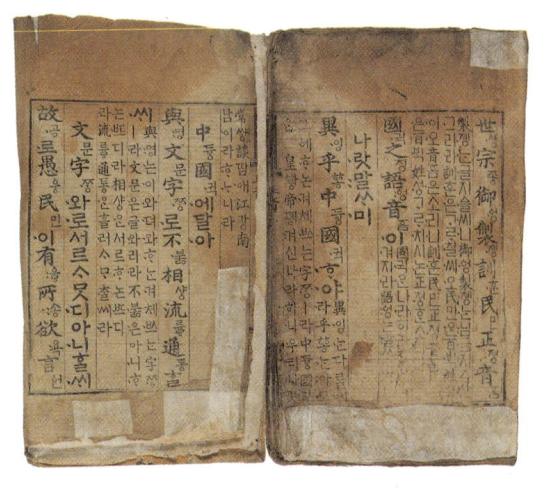

훈민정음

《월인석보》 서문에 실린 훈민정음의 언해다.

서강대학교 도서관 소장

로 번역하여 백성들에게 읽혔다.

세종의 이같은 노력 덕분에 오늘날 우리 민족은 세계에서 가장 쉽고 과학적인 한글을 사용할 수 있게 된 것이다.

세종시대를 이끈 인재들

세종시대에는 황희와 맹사성, 최윤덕과 김종서, 박연과 장영실, 정초와 이순지 등의 뛰어난 인재들이 많았는데, 세종은 그들을 잘 활용하여 조선시대 오백년을 통틀어 가장 찬란한 문화를 꽃피웠다. 짧게나마 그들에 대해 간략하게 정리한다.

희대의 명재상 황희[26]와 맹사성[27]

나라가 안정되기 위해서는 무엇보다도 정치가 제대로 이뤄져야 하고, 올바른 정치를 위해서는 뛰어난 신하가 있어야 한다. 신하 중에서도 특히 재상의 역할이 막중한데, 세종시대에는 황희와 맹사성이라는 걸출한 두 재상이 있었다.

세종이 왕위에 오를 당시 황희는 유배지에 있었다. 양녕대군의 세자 폐위를 반대하다가 태종의 미움을 받아 귀양을 갔던 것이다. 하지만 태종은 황희를 매우 아꼈다.

황희는 처음에 태조가 조선을 세웠을 때, 두 왕조를 섬길 수 없다고 하여 두문동에 은거했다. 그러다가 태조가 뛰어난 인재를 선발하는 과정에서 두문동 선비들의 추천으로 관직에 나온

26. 황희 (1363~1452)
조선 초기의 문신이자 명재상. 개성에서 출생하였으며 27세에 문과에 급제하여 1390년 성균관 학록(정9품 벼슬)에 제수되었다. 세종시대에 육조의 판서를 두루 거치고 삼정승을 거쳐 영의정에 올랐다.

27. 맹사성 (1360~1438)
고려 말~조선 초의 문신으로 황희와 더불어 명재상으로 꼽힌다. 고려 우왕 때 문과에 급제하여 관직에 나섰으며, 조선 건국 후에는 예조의랑, 예문관제학 등을 거쳤다.

인물이다.

관직에 오른 뒤 황희는 여러 부서를 거쳐 이조, 호조, 예조, 병조, 형조, 공조의 6조 판서를 모두 거쳤고, 지역의 관찰사 생활까지 하여 행정 경험을 두루 쌓았다. 거기다 태종 때는 승정원[28]의 도승지[29]가 되어 왕을 보필하였고, 이후에는 의정부 찬성[30]을 지내기도 했다.

태종은 그런 황희를 세종에게 소개했고, 세종도 그가 예사로운 인물이 아니라고 판단했다. 하지만 세종은 일단 황희의 능력을 시험하기 위해 정2품 의정부 참찬[31] 벼슬을 내렸다. 의정부 참찬은 그다지 중요한 직책이 아니었지만, 재상들과 나랏일을 의논하는 자리였기 때문에 황희의 능력을 판단할 수 있는 곳이었다.

의정부 참찬 벼슬을 내린 이후에 세종은 황희의 능력을 검증하기 위해 그를 강원도 관찰사로 내보냈다. 당시 강원도의 관리들은 백성들에게 빌려준 쌀을 제대로 환수하지 못한 상태였는데, 문책을 받을까 봐 받지 않은 쌀을 받은 것으로 기록하여 나라에 보고했다. 그 때문에 나라에서는 그곳에 쌀이 많은 줄 알고 지원을 하지 않았던 것이다.

황희는 강원도에 도착하자 회계 장부를 꼼꼼히 살핀 끝에 그런 사실을 알아내고 각 고을의 수령들을 불렀다.

"너희들 눈엔 백성들이 죽어가는 것이 보이지 않느냐? 나라에 허위 보고를 하여 백성을 굶겨 죽인 너희들을 모두 국법으로 다스릴 것이다."

두문동 72현

고려가 멸망하고 조선이 건국했을 때 끝까지 조선에 협력하지 않고 충절을 지킨 고려의 유신 72인을 가리키는 말이다.

황희는 곧 강원도 관리들이 허위로 보고한 사실을 세종에게 알리고 그들을 벌줄 것을 요청했다. 그러나 세종은 비록 수령들의 행동이 심히 괘씸하긴 하나 한꺼번에 수령들을 모두 갈아치우면 가뭄을 당하여 고통받고 있는 백성들이 더 어려워질 것이라고 판단했다. 그래서 먼저 그 수령들에게 죄를 면할 수 있는 길을 열어주고, 만약 그들이 몸을 아끼지 않고 백성들을 살려낸다면 국법을 어긴 죄를 용서받을 수 있도록 하였다. 황희는 세종의 편지를 받고 감탄했다.

"새 왕은 정말 성군이로다. 아직 젊은 분이 이토록 생각이 깊다니……."

황희는 세종에게 강원도 백성들의 세금을 면제해 줄 것을 요청하였고, 수령들을 독려하여 백성들의 굶주림을 어느 정도 해결하였다.

세종은 곧 황희에게 종1품 의정부 찬성 벼슬을 내리고 중앙으로 불러들였다. 그리고 몇 년 뒤, 황희는 의정부 우의정[32]에 임명됐다. 이때부터 세종은 국가의 모든 일을 황희와 의논하여 처리했다.

황희는 우의정에 오른 1426년부터 1449년까지 좌의정[33]과 영의정[34]을 두루 거치며 무려 24년 동안 정승 생활을 했으니, 세종시대의 정치는 거의 황희가 이끌었다고 해도 과언이 아니다.

황희는 국방과 외교, 경제 부문에 밝았고, 그 엄청난 국가 대사를 모두 챙기며 한 치의 오차도 없이 처리했던 정치의 귀재

28. 승정원
왕명의 출납을 관장하던 비서기관이다.

29. 도승지
조선시대 왕명을 출납하던 승정원의 장관으로 오늘날의 청와대 비서실장에 해당하며, 정3품 관직이다.

30. 의정부 찬성
조선시대 백관을 통솔하고 민생정치를 다스리는 최고의 행정기관인 의정부의 차관으로 종1품 관직을 가리킨다.

31. 의정부 참찬
조선시대 의정부의 정2품 관직이다. 참찬은 바로 위의 찬성과 함께 의정을 보좌하면서 의정부의 일을 운영하고 크고 작은 국정 논의에 참여하였다.

였던 것이다.

황희와 함께 세종의 정치를 뒷받침했던 또 한 명의 재상은 맹사성이었다. 맹사성은 청렴결백하고 사리사욕을 모르는 관리였다.

황희가 좌의정이 되었을 때, 세종은 황희와 함께 나라를 이끌 정승을 선택하기 위해 도승지를 불러 물었다.

"황희를 뒷받침할 만한 인물이 없겠느냐? 황정승은 매사에 맺고 끊음이 분명하고 업무 처리에는 능력이 뛰어나지만, 음악과 문학에 대해선 아는 바가 없지 않느냐?"

그러자 도승지가 대답했다.

"맹사성이 어떻겠습니까? 그는 늘 소를 타고 다니면서 피리를 불고, 쓰러져 가는 초가에 사는 청백리입니다."

맹사성은 당시의 관리 사회에서 가난한 사람으로 유명했다. 판서의 신분인데도 너무도 가난하여 비오는 날이면 지붕에 물이 새서 삿갓을 쓰고 방 안에 앉아 있어야 했을 정도였다.

세종도 그런 소문을 들어 익히 알고 있었다. 맹사성은 곧 우의정의 자리에 앉게 되었다.

맹사성의 나이는 황희보다 3살 위였지만, 직위는 늘 한 자리 아래였다. 황희가 도승지로 있을 때, 좌부승지였고, 황희가 우의정으로 있을 땐 좌찬성이었다. 그리고 황희가 좌의정이 되자, 마침내 우의정이 되었고, 나중에 황희가 영의정이 되었을 땐 좌의정이 되었다.

두 사람은 무슨 일이든 호흡이 척척 잘 맞았다. 황희는 병조,

왜 좌의정이 우의정보다 높을까?

중국과 우리나라는 예로부터 '음양의 이치'를 생활 속에 적용시켜 우주와 삶의 이치를 풀이하곤 하였다. 세상 모든 것은 '음'과 '양'으로 이루어져 있다는 것이다. 여기서 '양'은 남자요, 하늘이요, 산이요, 왼쪽을 가리킨다. 반면에 '음'은 여자요, 땅이요, 물이요, 오른쪽을 가리킨다. 이때 '양'이 상징하는 '왼쪽', 즉 남자의 방향을 더 높다고 본 것이다.

이조 등 과감한 판단이 필요한 곳에 능했고, 맹사성은 공조나 예조 등 부드러운 업무에 능했던 것이다.

세종은 늘 두 사람을 불러 국사를 의논했고, 덕분에 세종시대의 정치는 조선시대를 통틀어 가장 안정되고 평화로운 상태에서 발전할 수 있었다.

국방의 대들보 최윤덕[35]과 김종서[36]

나라는 정치의 안정도 중요하지만, 무엇보다도 국방이 튼튼해야 태평성대를 유지할 수 있다. 세종시대에도 남쪽에선 왜구, 북쪽에선 여진족이 변방을 불안하게 했다. 다행히 남쪽의 왜구는 이종무의 대마도정벌 이후 더 이상 노략질을 하지 않았지만, 북방의 여진족은 늘 조선 땅을 침입하여 백성들을 잡아가곤 했다. 세종은 이 문제를 해결하기 위해 국방 문제를 책임질 인재를 발굴했는데, 그들이 최윤덕과 김종서였다.

최윤덕은 세종시대 무인의 상징과 같은 인물이었다. 조선시대를 통틀어 무인으로서 재상이 된 몇 안 되는 인물 중의 한 사람이었고, 재상이 된 뒤에도 스스로 무인임을 자처하며 국경에 나가 변방을 지킨 것으로 유명하다.

최윤덕은 원래 무인 집안에서 태어났다. 그는 어린 시절부터 용맹이 뛰어났는데, 이런 일화가 전해지고 있다.

그는 어릴 때 어머니를 여의고 아버지 최운해가 전쟁터에 나가 있는 바람에, 고향 마을의 한 고리백정[37] 밑에서 자랐다.

윤덕이 하루는 산에서 소에게 풀을 먹이고 있는데, 웬 큰 짐

32. 우의정
조선시대 의정부에 소속된 최고 관직의 하나. 직위만 다를 뿐 품계와 벼슬은 영의정과 같다. 우상, 우정승 등으로 불리며 영의정, 좌의정과 함께 국왕을 보좌하고 백관을 통솔했다.

33. 좌의정
조선시대 의정부에 소속된 최고 관직의 하나. 품계와 벼슬은 영의정과 같다. 좌상, 좌정승 등으로도 불린다.

34. 영의정
조선시대 의정부에 소속된 최고 관직의 하나. 품계는 정1품, 벼슬은 '대광보국숭록대부'이다. 바로 밑에 좌의정과 우의정을 두었다.

승이 나타났다. 그 짐승이 소를 공격하려 하자, 윤덕은 활을 꺼내 단 한 번에 그 짐승을 죽여 버렸다.

윤덕은 그것이 호랑이인 줄도 모르고 산에서부터 질질 끌고 내려와 고리백정에게 아롱진 무늬를 가진 큰 짐승이 소를 해치려 하기에 잡아왔다고 말했다.

고리백정이 뛰어나가 보니, 큰 호랑이가 화살에 맞아 죽어 있었다.

"이걸 정말 도련님이 잡았단 말입니까?"

"그래, 내가 활로 쏴서 죽였어. 그런데 뭐가 잘못된 거야?"

또 이런 일도 있었다. 윤덕이 평안도 절제사로 있을 때였다. 여인네 하나가 관아로 달려와 땅을 치며 우는 것이 아닌가. 윤덕이 여인에게 물었다.

"도대체 무슨 일로 이리 슬피 우는 겁니까?"

여인이 울면서 대답했다.

"장군님, 호랑이가 제 남편을 물어 죽였습니다. 시신은 고사하고 뼈라도 찾아야 할 터인데, 어찌해야 좋겠습니까?"

윤덕은 그 길로 활을 메고 산으로 들어갔다. 그리고 산을 뒤진 끝에 여인의 남편을 삼킨 호랑이를 찾아내 잡아왔다. 그리고 호랑이 배를 갈라 그 여인의 남편 뼈를 추려 장례를 치르도록 도와 줬다.

최윤덕은 이렇듯 대단히 용감한 장수였다. 세종이 왕위에 올랐을 때, 최윤덕은 중군사령관으로 있다가 대마도정벌 당시에는 삼군도 절제사가 되어 전장에 파견되었다.

그 뒤에 공조판서에 임명됐는데, 최윤덕이 세종을 찾아와 말했다.

"전하, 소인은 본래 무인이옵니다. 무인은 나라를 지키고 변방을 안정시켜야 하는 의무가 있습니다. 저를 다시 변방으로 보내주소서."

대부분의 신하들은 변방보다는 한양에 머물기를 좋아했다. 그런데 뜻밖에도 최윤덕이 변방으로 보내달라고 하자, 세종은 그를 정녕 진짜 무인이라고 생각하며 총애하였다.

세종은 그를 평안도 절제사에 임명했다. 평안도 절제사는 압록강 지역의 국경수비대를 총지휘하는 사령관이었다.

그로부터 무려 6년 동안이나 최윤덕은 평안도 절제사 생활을 하였다.

그가 평안도에 머물고 있는 동안 중강진 주변의 여진족들은 감히 국경을 침범할 엄두를 내지 못했다.

평안도 절제사 생활을 끝낸 최윤덕은 병조판서에 임명되어 서울로 돌아왔다. 하지만 이번에도 최윤덕은 세종을 찾아가 요청했다.

"신은 무장이라 변방이 적격이옵니다. 변방으로 다시 보내주소서."

세종이 근심어린 표정으로 말했다.

"하지만 경도 이젠 나이가 적지 않소. 이미 쉰이 넘지 않았소?"

35. 최윤덕 (1376~1445)
조선 초기의 무신으로 왜구와 야인 토벌에 큰 공을 세운 장수이다.

36. 김종서 (1390~1453)
조선 초기의 정치가. 북방의 6진을 개척하여 두만강을 국경선으로 확정하는 데 큰 공을 세웠다. 단종 즉위년에 좌의정이 되어 어린 단종을 보필하다가 수양대군에게 살해되었다.

37. 고리백정
백정이란 조선시대에 도살업, 고리 제조업, 육류 판매업 등을 주로 하며 생활했던 천민층을 가리키는 말이다. 조선시대의 백정들은 주로 그들만의 특기인 가축 도살업이나 버드나무를 엮어서 만든 바구니의 일종인 고리짝이나 반짇고리 등 생활 용품을 만들어 파는 일로 생계를 연명하였다. 그 중에서도 버드나무 껍질을 벗겨 엮어서 만든 사각형의 상자 같은 생활 용품을 만들어 파는 이들을 고리백정이라 불렀다.

그래도 최윤덕은 국경을 지키다 죽고 싶다고 간청했다. 그러자 세종은 그에게 전국을 돌며 각 지역의 성곽 상태를 조사하는 직분을 주었다.

성곽은 전쟁이 일어나면 방어벽 역할을 하기 때문에 매우 중요했지만, 허물어진 채로 방치된 것이 많았다. 세종은 혹 전쟁이 발발하면 허술한 성곽 때문에 나라가 망할 수도 있다고 생각하고 최윤덕에게 그 일을 시킨 것이다.

세종의 명령을 받은 최윤덕은 충청, 전라, 경상 삼도의 도순문사[38]가 되어 성곽을 고치고 수리하고 새로 짓는 일을 하였다.

그 무렵 평양 감사 박규가 여진족 수백 명이 말을 타고 와 국경 주변의 우리 백성들을 약탈하고 있다고 보고했다.

세종은 급히 재상과 판서들을 모아놓고 비상회의를 한 끝에 최윤덕에게 군대 1만 3천여 명을 내주고 여진족을 토벌하도록 했다.

최윤덕은 출군하자마자 여진족 본거지를 공격했고, 여진족 군대는 성을 버리고 모두 달아났다. 하지만 최윤덕은 미처 도망가지 못한 여진족들에게 일체 해를 끼치지 않았다.

그렇게 일단 여진족 주민들을 안심시킨 최윤덕은 달아난 여진족 추장을 추격하여 사로잡았다. 그리고 그들의 창과 칼을 빼앗고, 군인들은 모두 포로로 잡았다.

이로써 오랫동안 두만강변에서 조선 백성을 노략질하던 여진족이 일망타진되었고, 중강진 지역에 4군이 개척[39]되었다.

그 뒤로도 최윤덕은 나이 일흔이 될 때까지 변방에서 나라를 지켰다. 세종은 그에게 좌의정 벼슬을 내리고 한양으로 돌아오기를 청했지만, 그는 죽을 때까지 변방의 장수로 남아 있었다.

최윤덕과 함께 변방을 지킨 사람은 김종서였다. 그도 최윤덕처럼 무인 집안에서 태어났지만, 어릴 때부터 책을 좋아해서 과거에 문과로 합격했다.

문과에 합격한 뒤에 그는 승승장구하며 권력의 핵심 부서인 사헌부와 의정부 등에서 근무하며 출세가도를 달렸다. 또 한때는 세종의 승지로 있으면서 최윤덕을 재상으로 추천하기도 했다.

세종은 그를 함길도(지금의 함경도) 관찰사로 삼아 국경을 지키도록 했다. 함길도로 떠난 김종서는 두만강변을 둘러본 뒤 생각했다.

"음, 이 땅을 우리 영토로 만들기 위해선 무엇보다도 이곳에 백성들을 옮겨 와 살도록 해야겠다."

김종서는 함흥과 영흥, 정평, 안변, 문천의 백성들을 뽑아 농토와 땅을 준다 하고 두만강변으로 옮겨 와 살도록 했다.

그 뒤에 김종서는 병력 6천여 명을 동원해 두만강변의 경원과 영북에 성벽을 축조했다. 바야흐로 6진 개척[40]의 서막이 오른 셈이었다.

당시 영북에는 이징옥[41]이라는 용맹한 장수가 변방을 지키고 있었는데, 김종서는 그와 함께 영토 확장 작업을 시작했다.

하지만 두 사람은 여진족에 대한 견해가 달랐다.

김종서는 가급적 여진족과 싸움을 하는 일은 없어야 한다고

---

38. 도순문사

고려시대의 관직으로 군사 관계의 임무를 띠고 임명되어 지방에 파견되던 임시 관직이었으며, 조선 초기까지 유지, 존속되었다.

39. 4군 개척

조선 세종 때 서북방면의 여진족을 막기 위하여 압록강 상류에 설치한 국방상의 요지로 여연, 자성, 무창, 우예의 4군을 말한다.

40. 6진 개척

조선 세종 때 동북방면의 여진족에 대비해 두만강 하류에 설치한 국방상의 요충지다. 종성, 온성, 회령, 경원, 경흥, 부령의 6진을 말한다.

생각했고, 이징옥은 여진족은 반드시 힘으로 눌러놓아야 말을 듣는다고 생각했다. 결국, 두 사람은 의견을 일치시키지 못하고 자신들의 주장을 함께 담아 세종에게 보고서를 올렸다.

세종은 이징옥의 말처럼 여진족을 힘으로 누르면 백성들만 살기 어렵게 만들기 십상이라고 판단하고 가급적이면 싸우지 않고 좋은 결과를 얻으라는 명령을 내렸다. 세종은 김종서의 의견을 옳다고 본 것이다.

그 무렵 여진족 추장 범찰이 두만강의 한 지류인 파저강 동쪽 유역에 옮겨 와 살기를 원했다.

이 문제를 놓고도 이징옥과 김종서는 의견을 달리했다.

이징옥은 범찰을 사로잡을 수 있는 좋은 기회로 여겼고, 김종서는 스스로 항복하고 찾아온 적장을 잡아들이는 것은 좋은 일이 아니라고 했다. 또다시 두 사람의 의견이 동시에 세종에게 전달되자, 세종은 이번에도 김종서의 의견을 옳다고 보았다.

그러나 3년 뒤에 김종서는 세종에게 다른 내용의 장계(관리가 나라에 올리는 보고서)를 올렸다.

지난 3년간 여진족을 상대해 본 결과, 이징옥의 말이 옳았다는 내용이었다. 그들은 약속을 하고도 금세 배반을 하곤 했으며, 벌써 3년 동안 십여 차례나 우리 백성들을 약탈했다고 했다. 그래서 이징옥의 말대로 군대를 동원하여 여진족을 응징해야 한다고 주장했다.

세종은 고개를 내저었다. 그래도 전쟁을 치르면 백성들의 삶

41. 이징옥 (?~1453)

조선 초기의 무장으로, 김종서와 더불어 6진 개척에 힘을 쏟는 한편 여진족 정벌에 투입되어 많은 전공을 올렸다. 수양대군이 계유정난을 일으켜 김종서를 제거하면서 이징옥도 그의 심복이라 하여 파직시켰다. 이에 격분한 이징옥은 자신의 후임자로 오는 박호문을 죽여 버리고 반란을 일으켰으나 부하들에게 살해되었다.

김종서 사당 전경

전남 해남

이 어려워질 것이라고 생각한 것이다.

그 뒤에도 김종서는 여러 차례에 걸쳐 군대를 동원하여 여진족을 정벌해야 한다고 주장했다. 그때마다 세종은 백성들의 경제가 어려워질 것을 염려하여 허락하지 않았다.

그런데 여진족의 약탈이 계속되자, 세종의 생각도 달라졌다.

"가급적이면 무력으로 저들을 응징하고 싶지 않았건만……, 이제 어쩔 수 없게 되었다."

세종은 김종서에게 여진족을 정벌하라는 명령을 내렸다. 김종서가 여진족 정벌의 필요성을 역설한 지 무려 4년이나 지나서였다.

세종의 명령이 떨어지자, 김종서는 군대를 이끌고 여진족 마을을 점령하기 시작했다. 여진족 추장들은 강력하게 저항했지만, 김종서의 군대를 당해낼 수 없었다.

여진족 군대는 날쌔고 싸움을 잘했지만, 김종서의 군대처럼 훈련이 잘 된 것은 아니었다. 때문에 싸우는 족족 여진족은 패배를 거듭했다.

여진족 추장들은 부하들에게 김종서가 보통 장수가 아니라며 그와는 절대 싸우지 말라고 했다.

그 뒤로 김종서는 여진족 사이에서 북방의 호랑이로 통했다. 그가 북방을 지키고 있던 수 년 동안 여진족은 함부로 조선 땅을 넘보지 않았고, 조선 백성을 괴롭히지도 않았다. 덕분에 북방 변경에 6진이 개척되어, 조선의 영토는 두만강 너머까지 확대될 수 있었다.

과학 혁명의 기수들

세종의 빛나는 업적 중에 빠뜨릴 수 없는 것이 과학과 기술 분야의 놀라운 발전이었다. 천문학, 농학, 인쇄술 등 다양한 분야에서 과학적인 변혁이 시도되었다. 그 중에서 특히 천문학의 발전은 가히 혁명이라 할 만했는데, 당시 천문학 발전을 주도한 인물은 정초[42], 이순지[43], 장영실[44]이었다.

이 세 사람 중에 가장 높은 관직에 있던 사람은 정초였다. 정초는 어떤 책이든 한 번 보면 다 외워버리는 수재로 이름이 높았다.

정초는 과거에 급제한 뒤에 여러 벼슬을 하다가 1418년에 태종이 양녕대군을 내쫓고 충녕대군(세종)을 세자로 책봉하자, 세자에게 학문을 가르치는 일을 하였다.

정초에게 학문을 배우던 세종은 그가 매우 영리하고 명석한 사람임을 알고 매우 좋아했다. 그래서 왕이 된 뒤에도 왕에게 학문을 가르치는 경연관을 시켰다.

하루는 경연이 시작되었는데, 정초의 모습이 보이지 않아 의아하게 여기고 있던 세종이 주변 사람들에게 물었다.

"어째서 정초는 보이지 않는가?"

그러자 다른 경연관이 대답했다.

"정초는 이번에 승진하여 사간원⁴⁵의 사간대부가 되었습니다. 사간대부는 일이 많아 강의를 할 수 없어 경연관에서 제외된 것입니다."

경연관은 원래 다른 직책을 맡고 있는 사람이 겸하는 자리였는데, 정3품의 고위 관직인 사간대부 벼슬은 일이 너무 많아 경연관을 겸하지 않는 것이 관례였다.

세종은 정초의 학문을 아주 높게 평가했는데, 경연 때가 아니면 그의 강의를 들을 수 없었다. 그 점을 안타깝게 여긴 세종은 어떻게 해서든 정초를 경연관에 포함시키도록 했다.

세종이 정초를 그토록 가까이 두고자 한 데에는 이유가 있었다. 대개의 학자들이 유학⁴⁶만 공부한 데 비해 정초는 유학은 물론이고 천체학과 산학(수학), 과학에도 조예가 깊었다.

세종은 정초처럼 여러 학문을 깊이 있게 공부한 사람은 반드시 크게 쓸 일이 있을 것이라고 생각했다. 특히, 세종은 과학을 발전시켜 백성들의 삶을 윤택하게 하려는 계획을 가지고 있었는데, 정초가 바로 과학 발전을 위해서 꼭 필요한 인물이라고 판단한 것이다.

42. 정초 (?~1434)
사헌부 집의를 지낸 정희의 아들이다. 집현전 학자들을 이끌고 《농사직설》, 《칠정산내외편》 등의 서적 편찬을 주도하였다.

43. 이순지 (?~1465)
조선 초기의 천문학자. 세종 9년에 문과에 급제하였으며, 세종의 명으로 역법(曆法)을 연구한 뒤에 정인지, 정초 등과 같이 《칠정산내외편》을 저술하고 홀로 《제가역상집》과 같은 천문서적을 저술했다.

44. 장영실
조선 세종 때의 뛰어난 과학자. 앙부일구, 자격루, 측우기 등을 만들었다.

45. 사간원

사간원은 승정원, 홍문관과 더불어 언론 삼사의 하나로 꼽힌다. 《경국대전》에 보이는 사간원의 직무는 간쟁과 논박으로 되어 있다. 간쟁은 왕에 대한 언론으로 왕의 언행이나 시정에 잘못이 있을 때 이를 바로잡기 위한 언론이고, 논박은 일반 정치에 대한 것으로 잘못된 정치나 부당하고 부적절한 인사 행정을 바로 잡기 위한 행위다.

46. 유학

공자와 그 제자들의 가르침인 《논어》라는 경전과 그 경전에 바탕을 둔 후세 학자들의 체계적이고 학문적인 성과를 가리키는 말이다.

1419년, 세종은 정초를 공조 참의[47]에 임명했다. 과학 기술의 발전은 공조의 책임이었기에 그를 그곳에 근무하게 한 것이었다.

세종이 공조 참의 정초를 불러 말했다.

"지금 우리에게 가장 시급히 필요한 기계가 있다면 무엇이라고 생각하시오?"

정초가 대답했다.

"시보장치(시계)가 꼭 필요합니다. 지금 우리나라에는 시계가 제대로 없어 관리들이 업무를 보는 데 지장을 초래하고 있습니다."

"그렇다면 그대가 물시계[48]를 제작해 보는 것이 어떻겠소? 물시계는 매우 정교하여 시간이 정확하다고 들었는데……."

"그렇게 하겠나이다. 그런데 청이 하나 있습니다."

"무엇이오?"

"물시계를 만들려면 단순히 지식만 가지고는 되지 않습니다. 손기술이 뛰어난 기술자가 꼭 있어야 합니다. 전국에 수소문하여 그런 기술자를 뽑아올 수 있도록 해 주소서."

세종은 정초의 말을 듣고 궁중에서 일하고 있는 장영실을 데려왔다. 장영실은 원래 동래의 관노로 있었는데, 손기술이 워낙 뛰어나다는 소문을 듣고 태종이 한양으로 올라오게 하여 궁중에 근무하게 한 사람이었다.

하지만 태종이 왕위에 있을 당시 장영실은 옷에 붙이는 장신구나 간단한 생활 용품을 만드는 일을 하였다. 그 후, 세종이 왕위에 오른 뒤에 정초를 만나면서 과학 기술자로 거듭나게 되었던 것이다.

정초는 곧 장영실을 만났다. 그리고 그에게 시계의 원리를 설명해 주고 설계도를 그려주면서 시계를 만들 수 있겠느냐고 물었다.

장영실은 자신은 아는 것은 모자라지만 손으로 만드는 것은 뭐든 만들 수 있다고 대답하였다.

그 뒤로 정초는 틈만 나면 장영실을 불러다 시계의 원리를 가르쳤고, 함께 설계도도 만들었다. 하지만 쉽지 않은 일이었다. 당시 물시계는 최첨단의 과학 기술이 필요했는데, 물시계를 한 번도 본 적이 없었던 그들이 지식만으로 만들 수는 없었던 것이다.

그 때문에 정초는 세종에게 장영실을 중국에 파견하여 물시계를 직접 한 번 보게 하는 것이 좋겠다는 의견을 내놓았다. 세종은 정초의 의견에 동의하며, 사신이 명나라에 갈 때 장영실을 딸려 보내 시계에 대해 공부하도록 배려했다.

장영실은 사신을 따라 중국으로 가서 명나라의 시계들을 직접 보고 제작 원리를 익혔다. 그 곳에서 장영실은 물시계뿐 아니라 해시계[49]도 접할 수 있었다.

몇 개월간 명나라에서 공부한 장영실은 돌아와 정초에게 말했다.

"제게 시간을 주시면 적어도 명나라의 시계보다는 훨씬 정교하고 정확한 것을 만들어 보이겠습니다."

---

47. 공조 참의
공조는 조선시대 중앙관서인 육조의 하나로 산림, 원예, 공장, 건축, 공예, 금속 제련 등에 관한 일을 관장하였다. 공조의 관원으로는 판서 1명, 참판 1명, 참의 1명, 정랑 3명, 좌랑 3명 등이 있었다. 참의는 정3품 당상관으로 참판과 함께 판서를 보좌하는 직책이며 지금의 차관보에 해당한다.

48. 물시계
물의 증가나 감소로 시간을 측정하는 장치를 말한다. 누각, 각루, 경루라고도 한다.

49. 해시계
인간이 발명한 가장 기본적인 시계로 해의 움직임에 따라 시간을 측정하던 시계이다.

그 뒤로 정초와 장영실은 다시 물시계 제작 작업을 시작했다. 그리고 여러 번의 시행착오 끝에 마침내 1424년에 물시계 제작에 성공했다. 그 소식을 듣고 세종은 몹시 기뻐하였다.

하지만 세종은 그것으로 만족하지 않았다. 세종은 더욱 정교하고 정확한 시계를 원했다. 비단 시계뿐 아니라 천문 관측기나 강우량을 측정할 수 있는 측우기도 만들어야 한다고 생각했다.

그러나 정초를 계속 그 일에만 묶어둘 수는 없었다. 세종은 농사짓는 법을 개량할 생각이었다. 그래서 농사꾼들을 가르칠 책이 필요했는데, 그 일을 정초에게 맡겼다.

세종의 명령을 받은 정초는 그 이후로 농업에 관련된 서적들을 공부하기 시작했다. 당시 농업 서적으로는 중국에서 수입한 《농상집요》와 《사시찬요》가 있었고, 조선에서 만든 《본국경험방》이 있었다. 하지만 그런 책들은 한계가 있었다. 이 책들에는 이론만 많고 구체적인 방법이 적혀 있지 않아서, 농민들이 이해할 수 없었던 것이다.

정초는 이 문제를 해결하기 위해 각 지역에 사람을 보내 지역마다 차이가 있는 곡식 재배법을 알아오게 하고, 자신도 직접 농민들을 만나서

그들의 경험을 들었다.

그 결과, 가장 실용적이고 조선의 농업에 꼭 맞는 책을 만들었는데, 그것이 바로 《농사직설》이었다.

세종은 《농사직설》을 전국의 모든 관청에 배포하고, 한양에 사는 2품 이상의 관리는 모두 소장하여 읽도록 명령을 내렸다.

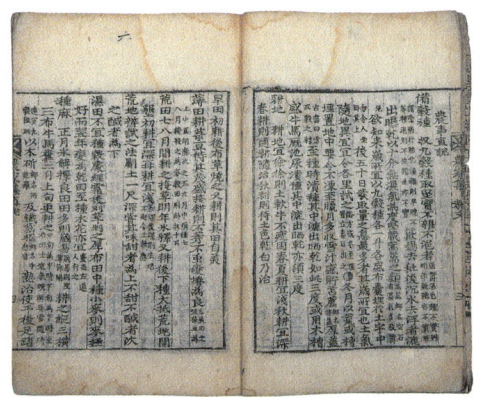

농사직설

조선 세종 때에 정초, 변효문 등이 왕명에 의해 편찬한 농업전문서적이다.

영릉 소장

그 뒤에 세종은 정초에게 다시 또 책 한 권을 집필할 것을 주문했다.

"우주의 운행 원리를 알아야 천체학이 발전할 수 있는 법이니, 이번에 경이 다시 수고하여 칠정산을 정리해 줘야겠소."

칠정이란 태양과 달, 수성, 화성, 금성, 목성, 토성 등 7개의 혹성을 지칭하는 것으로, 이 별들의 움직임을 계산하는 방법과 공식이 바로 칠정산이다.

정초는 곧 집현전 학자들을 모아놓고 칠정산 정리 작업에 돌입했다. 그래서 만들어 낸 책이 《칠정산내외편》[50]이다.

〈칠정산내편〉은 원나라의 천문 계산법인 '수시력'에 대한 해설서이고, 〈칠정산외편〉은 아라비아의 천문 계산법을 해설한 책이었다.

이 작업을 하는 데 정초에게 결정적인 도움을 준 사람은 이순지라는 인물이었다. 이순지는 당대 최고의 수학자이자 천문학자였다. 특히 그는 역산에 남다른 능력을 보였다.

역산이란 태양이나 달, 또는 수성, 화성, 금성, 목성, 토성 등

50. 《칠정산내외편》

칠정이란 해와 달, 5성(목성, 화성, 토성, 금성, 수성)을 합쳐서 이르는 말인데, 이 별들의 운행 원리와 결과를 기록한 책이다.

일곱 개 별의 움직임을 계산하는 방법을 일컫는다. 즉, 태양의 일식이나, 달의 월식, 또 나머지 별들이 움직이면서 생기는 간격이나 각도 등을 계산하는 것이다.

이순지는 원래 천문에 대한 계산을 잘 하기로 소문이 난 관리였는데, 그 소문을 듣고 세종이 이순지를 불렀다. 그리고 당시 지도를 내놓고 이순지에게 물었다.

"지도상으로 우리나라는 어느 지점에 위치하는지 아느냐?"

이순지가 대답했다.

"우리 조선의 중심은 한양이온데, 한양 땅은 북극에서 38도에 있습니다."

요즘 말로 서울이 북위 38도 근처에 있다는 뜻이었다. 이순지의 말은 정확했지만, 세종은 지리에 대한 지식이 별로 없었기 때문에 이순지의 말을 그대로 믿지 못했다.

그 뒤로 세종은 이순지를 다시 찾지 않았는데, 얼마 뒤에 명나라의 유명한 천문학자가 사신을 따라 한양에 왔다. 세종이 그 천문학자를 불러 물었다.

"우리 조선의 땅이 어디에 위치하는지 그대는 잘 알겠구료."

명나라 학자가 대답했다.

"조선의 한양 땅은 북극에서 38도 근처에 있는 땅입니다."

그 말을 듣고 세종은 크게 반성했다. 자신이 사람을 함부로 평가하여 자칫했으면 뛰어난 학자 한 사람을 놓칠 뻔했던 것이다.

세종은 곧 이순지를 불러와 말했다.

"내가 무지하여 천문의 대가를 알아보지 못했으니, 용서하시오."

그 뒤로 세종은 정초를 우두머리로 이순지의 수학과 천문학에 대한 지식, 장영실의 뛰어난 손기술을 이용하여 많은 과학 발명품을 만들어 냈다.

세 사람이 힘을 합쳐 가장 먼저 만든 것은 혼천의였다. 혼천의는 천체의 운행과 별의 위치를 측정하는 기구였는데, 나중에는 여기에 시계 장치를 첨가하여 천체시계로 발전하게 된다.

그 뒤에 만든 것이 해시계였다. 해시계에는 솥을 떠받치고 있는 모양을 하고 있는 앙부일구와 요즘의 손목시계처럼 가지고 다니는 작은 크기의 정남일구가 있었다.

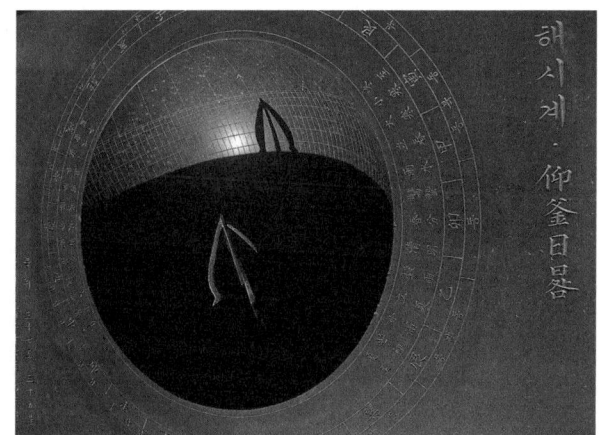

앙부일구

세종 때 만들어진 솥모양의 해시계이다.

세종대왕기념관 소장

하지만 해시계는 해의 그림자로 시간을 측정하는 것이기 때문에 흐린 날이나 밤에는 시계 역할을 하지 못 하였다. 그런 한계를 보충해 주는 것이 바로 물시계였다. 물시계는 낮과 밤에 관계없이 늘 일정하고 정확한 시간을 알려줄 수 있었던 것이다.

물시계 중에서 대표적인 것이 자격루다. 자격루란 '스스로 두드리는 물방울'이라는 뜻인데, 물방울이 떨어져 종, 북, 징을 자동으로 쳐서 시간을 알리는 장치였다.

51. 간의대
천문관측기구의 하나인 간의를 설치하였던 관측대를 말한다.

이 외에도 강수량을 측정하는 측우기가 만들어졌고, 천체의 모양을 본떠 만든 혼의와 천문관측대인 간의대[51] 등 많은 과학 발명품들이 함께 만들어졌다.

음악의 귀재 박연[52]

세종은 음악에도 관심이 많았다. 음악은 결혼이나 군대의 출정식, 왕의 즉위식, 축제 등에 꼭 필요한 것이었지만, 당시까지 조선의 음악은 전혀 정리가 되어 있지 않았다. 세종은 그 점을 안타깝게 여기고 어떻게 해서든 음악을 정리할 생각을 하고 있었는데, 그때 세종의 뜻을 도와 조선의 음악을 정리한 사람이 바로 박연이었다.

박연은 청년 시절에 우연히 피리를 익힐 기회가 있었는데, 음률에 대한 남다른 관심 때문에 피리 부는 솜씨가 아주 빠르게 좋아졌다.

혼천의
천체의 운행과 그 위치를 측정하여 천문시계의 구실을 하였던 기구이다.

그는 늘 피리를 들고 다니면서 불었는데, 하루는 한양에서 온 광대 패거리를 구경하게 되었다.

박연은 광대들이 피리를 부는 것을 보면서 어떻게 저렇게 고운 소리를 낼 수 있을까 신기한 생각이 들었다.

광대의 피리 소리에 넋이 나간 박연은 공연이 끝난 뒤에 피리를 불던 광대에게 말했다.

"내 피리 소리를 듣고 음을 제대로 잡아줄 수 있겠소?"

광대가 대답했다.

"한번 불어보시지요."

박연이 피리를 불자, 가만히 듣고 있던 광대는 피리 소리가 순 엉터리라고 말하였다. 박연은 자신의 음을 바로 잡아줄 수 없겠냐고 물었다. 하지만 광대는 습관이 굳어져 도저히 고칠 수 없을 것 같다고 대답했다. 박연은 포기하지 않고 광대에게 피리를 가르쳐달라고 매달렸다.

광대는 귀찮았지만 워낙 간절하게 매달리는 탓에, 한 이틀 배우다가 지치면 그만 두겠지 하는 심정으로 승낙했다.

그 다음 날부터 박연은 매일 광대를 찾아와 피리를 배웠는데, 광대는 얼마 지나지 않아 매우 놀라고 말았다. 배운 지 불과 며칠 만에 박연이 피리를 완벽하게 부는 것이 아닌가. 광대는 이렇게 빨리 배우는 사람은 처음 보았다며 감탄했다.

보름쯤 지났을 때, 광대는 박연의 피리 소리를 듣고 박수를 치며 말했다.

"정말 완벽합니다. 정말 신기에 가깝습니다. 이제 오히려 제가 배워야 할 듯합니다."

박연은 이렇듯 광대를 스승으로 모신 지 한 달도 안 되어 스승을 능가해 버렸던 것이다.

박연은 피리에 이어 거문고와 장구, 북, 아쟁 등 모든 악기를 차례로 배웠다. 그 바람에 마흔 살이 다 되어서야 겨우 과거에 합격하여 벼슬을 얻었다.

관리가 된 뒤에도 박연은 꾸준히 음악을 연구하고, 늘 피리를 끼고 다녔는데, 그 소문은 어느덧 세종의 귀에도 들어갔다.

52. 박연 (1378~1458)

조선 세종 때의 음악가. 그는 우리 음악의 중요성을 강조하는 세종의 뜻을 받들어 아악과 향악의 조화로운 결합을 시도하기도 하고, 향악을 궁중악으로 끌어들여 민족음악의 기틀을 다졌다.

세종이 박연을 불러 물었다.

"그대가 그렇게 피리를 잘 분다는 박연인가? 어디 내 앞에서 피리 한번 불어보아라."

박연이 피리를 불기 시작하자, 세종은 넋이 나간 듯 감탄 어린 얼굴로 피리 소리를 감상했다. 이윽고 피리 연주가 끝나자 세종은 박연을 크게 칭찬하며 말했다.

"내 지금껏 여러 피리 소리를 들어봤지만, 그대처럼 낭랑하고 애절한 소리를 내는 사람은 처음 보았다."

얼마 뒤에 세종은 박연을 악학별좌에 임명하고 음악에 관한 모든 업무를 맡기면서 우리나라의 음악과 악기를 모두 제대로 만들어 달라고 당부했다.

아악 연주 장면

아악은 궁중에서 연주되던 음악으로 민속악에 대비되는 궁중음악의 총칭이다.

　세종의 부탁을 받은 박연은 중국의 악기와 우리 악기를 비교하여 악기의 모양을 바로 잡고, 소리를 정확하게 만드는 작업부터 시작하였다.

　그러나 박연은 오직 중국 음악과 똑같게만 만들려고 했다. 세종이 그 점을 간파하고 박연을 불러 말했다.

　"비록 중국의 음악이 국제적인 것이긴 하나, 우리에겐 우리 음악이 있지 않은가? 그런데 자네는 우리 음악은 모두 제쳐놓고 중국 음악만 정리해 놓았으니, 이래서야 되겠는가?"

　그 이후로 박연과 세종은 자주 만나 두 사람이 함께 작대기로 땅을 두드리며 박자를 맞추는 방식으로 잃어버렸던 우리 음악을 정리해 나갔다. 덕분에 예로부터 내려오는 조선 고유의 음악과 국제적인 음악인 중국 음악을 모두 정리하여 발전시킬 수 있었다.

조선사 이야기

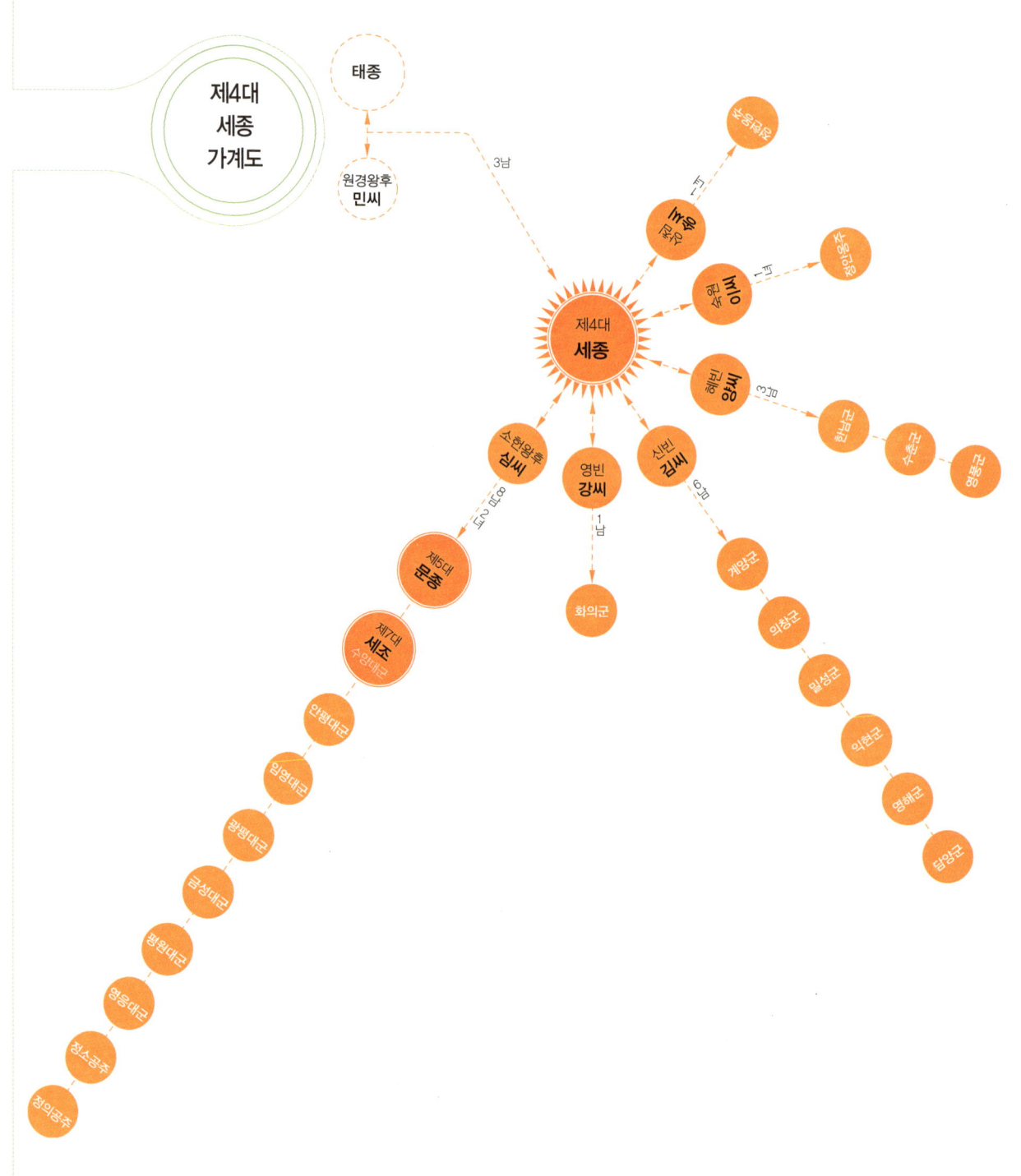

세종시대에 이렇게 많은 인재들이 배출되고 엄청난 일들이 성공적으로 이뤄질 수 있었던 것은 무엇보다도 세종의 뛰어난 자질과 특출한 지도력 덕분이었다. 그는 조선왕조의 역사와 문화, 정치의 기틀을 다졌고, 학문의 기반을 마련했으며, 후대의 왕들에게 가장 존경받는 성군이 되었다.

　그러나 그는 오랫동안 소갈증(당뇨병)을 앓으면서도 자신의 몸을 돌보지 않고 국가 대사에만 모든 힘을 쏟다가 건강을 해치는 바람에 1450년 2월에 54세를 일기로 생을 마감하였다.

세종의 생애

세종은 태종의 셋째 아들이며, 원경왕후 민씨 소생으로 1397년 4월 10일에 한양에서 태어났다. 이름은 도, 자는 원정이다.

그는 어린 시절부터 성격이 곧고 인정이 많았으며, 독서를 좋아한 덕분에 태종의 사랑과 신뢰를 얻었다. 반대로 세자였던 제(양녕대군)는 학문을 싫어하고 사냥과 주색에 몰두했기 때문에 늘 태종에게 미움을 받았다. 해를 더할수록 세자의 어긋난 행동은 심해졌고, 급기야 태종은 1418년 6월에 세자 제를 폐하고, 도(세종)를 세자로 세웠다. 또 그로부터 2개월 뒤인 8월에 전격적으로 왕위를 내놓고 상왕으로 물러났으며, 세종은 경복궁 근정전에서 즉위식을 거행했다.

비록 왕위에 오르긴 했으나 재위 초기 4년 동안 세종은 운신의 폭이 좁았다. 상왕 태종은 왕위에서 물러난 뒤에도 병권을 쥐고 있었고, 그것은 조정 대신들 사이에 논란거리가 되기도 했다. 태종은 대신들의 불만을 잠재우기 위해 당시의 최대 실력자로 부상하고 있던 심온 형제를 죽이는 극단적인 조치를 취했다. 심온은 세종의 장인이자, 영의정이었다. 그런 까닭에 세종의 왕비 심씨에 대한 폐비론이 대두하여 세종을 난처하게 만들기도 했다.

즉위 초기에 혹독한 시험 무대를 거친 세종은 태종이 죽은 1422년부터 탁월한 정치력을 발휘하며 정치, 사회, 문화, 과학 등 전 분야에 걸친 일대 혁신을 시도하여 전례 없는 황금시

세종 어진
세종대왕기념관 소장

대를 만들었다. 황희, 유관, 맹사성 등과 같은 노숙한 정치인들을 재상으로 포진시켜 정치적 안정을 이뤘고, 군사 문제에 밝은 최윤덕과 김종서를 앞세워 영토를 확장하고 국방을 튼튼히 하였으며, 토지정책과 조세정책에 심혈을 기울여 농업을 혁신하고 국가 재정을 크게 늘렸다. 거기에 집현전을 설치하여 조정에 학문 풍토를 조성하고, 측우기를 비롯한 해시계, 물시계, 간의대 등을 발명하여 과학 혁명을 일으켰다. 또한 스스로 언어학에 몰두하여 훈민정음을 창제하는 기적 같은 일들을 벌였다.

이렇듯 열거하기도 벅찰 정도로 많은 업적을 남긴 세종은 재위 31년 6개월만인 1450년 2월 17일에 여덟째 아들 영응대군의 집에서 54세를 일기로 생을 마감했다.

명나라 조정에서 시호를 장헌이라 하였고, 조선에서는 묘호를 세종으로 올렸다. 여기에 여러 시호와 존호가 추가되어, 정식 칭호는 '세종장헌영문예무인성명효대왕(世宗莊憲英文睿武仁聖明孝大王)'이다.

능은 원래 헌릉(서울 서초구 내곡동) 서쪽 산에 조성했다가 예종 원년인 1469년 3월 6일에 경기도 여주 서북편 성산으로 옮겼다. 이승소가 묘지를 짓고, 윤회가 행장을 지었으며, 정인지가 신도비의 글을 지었다. 하지만 정인지의 글은 이장할 때 원래 능이 있던 곳에 묻어두고 쓰지 않았다. 능호는 영릉이다.

세종은 정비 1명과 5명의 후궁을 두었으며, 정비에게서 적자 8명과 적녀 2명, 후궁들에게서 서자 10명과 서녀 2명을 얻었다.

세종의 왕비

소헌왕후 심씨 (1395~1446)

소헌왕후 심씨는 불행한 왕비였다. 시아버지 태종의 외척에 대한 지나친 경계심 때문에 그녀의 아버지는 물론이고 친척들도 거의 모두 죽임을 당했으며, 어머니와 형제들은 노비 신세로 전락했기 때문이다.

그녀는 영의정을 지낸 심온의 딸로 본관은 청송이다. 1395년 9월에 양주에서 태어났으며, 14세 되던 1408년에 두 살 아래인 충녕군 도와 혼인하였고, 1417년 삼한국대부인에 봉해졌다. 이 듬해 6월 충녕대군이 왕세자에 책봉되자 경빈에 봉해졌으며, 같은 해 8월에 세종이 즉위하자 12월에 왕비로 책봉되었다.

그녀가 왕비가 된 뒤 상왕 태종은 심씨의 아버지 심온에게 국구(왕의 장인)의 대접을 해줘야 한다며 영의정 벼슬을 내렸다. 그런데 심온이 명나라에 사신으로 가게 되었을 때, 그를 환송하는 행렬이 장안을 가득 메웠다는 소리를 듣고 태종은 외척에게 힘이 실릴까 염려하게 된다.

심온의 권력 팽창을 염려한 태종은 심온의 아우 심정이 군사 문제를 상왕인 태종이 처리한다고 불평했다는 말을 듣고, 이 일을 기회로 심정을 제거하고 심온마저 제거하고자 했다. 그런 사실도 모르고 심온은 명나라에서 돌아와 의주에 도착했는데, 그 곳에서 영문도 모르고 사약을 받는 신세가 되었다.

당시 조정에서는 심온을 직접 취조한 뒤에 사건의 전모를 파악하는 것이 우선이라는 주장이 강했으나 좌의정 박은은 심온을 죽여야 한다고 강력하게 청했고, 태종은 박은의 주장을 받아들여 심온을 의주에서 죽였던 것이다.

심온을 죽인 태종은 소헌왕후를 폐비하려고 했다. 그러나 세종은 강력하게 반대하였고, 덕분에 심씨는 쫓겨나지 않았다.

하지만 그녀의 혈족들은 모두 노비로 전락하였고, 심지어 심비의 어머니 안씨까지 천비로 전락되어 마음대로 만날 수도 없는 처지가 되었다. 다행히 1426년에 안씨는 천비의 신분에서 풀려났지만, 여전히 심온의 직첩(조정에서 내리는 벼슬아치의 임명장)이 회복되지 않아 양반의 신분이 되지 못한 채 죽었다. 이 일로 심비의 상심이 컸지만, 그녀가 죽을 때까지 세종은 장인 심온을 죄인의 신분에서 풀어주지 않았다. 세종은 아버지 태종의 판단을 함부로 번복할 수 없다는 생각에 끝까지 심온의 관작을 회복시키지 않았고, 문종에 이르러서야 비로소 심온의 영의정 직책이 회복되고, 안효공이라는 작위가 내려졌다.

중전의 자리에 있으면서 천비의 신분이 된 어머니와 형제들을 가슴 아프게 바라보던 소헌왕후는 1446년 3월 24일에 수양대군 유의 집에서 52세를 일기로 생을 마감했다. 죽은 뒤에 세종과 함께 합장되었다. 능호는 영릉이다.

심씨는 맏아들 향(문종)을 비롯하여 수양대군(세조), 안평대군, 임영대군, 광평대군, 금성대군, 평원대군, 영응대군 등 아들 8형제와 정소공주, 정의공주 등 두 딸을 낳았다.

조선사 깊이 읽기

집현전에서는 어떤 일을 했을까?

집현전은 조선 세종 때 처음 설치하여 세조 초기까지 있었던 대표적인 학문 연구기관입니다. 비록 짧은 시기 동안 존재했던 기관이지만 우리 역사에서 차지하는 의미는 무척이나 큽니다.

조선은 건국이념으로 삼은 유교의 연구와 그에 따른 제도를 확립해야 했기에 학문이 뛰어난 인재가 필요했습니다. 또한 명나라와의 외교관계도 원만히 풀어나갈 인재도 길러야 했습니다.

그래서 세종은 1420년에 집현전을 설치하고 학자들의 양성과 학문 연구에 힘쓰게 했습니다.

유교적인 의례와 제도에 대해서는 처음에 예조가 중심이 되어 맡아보았지만 점차 집현전의 역할이 커지게 되었습니다. 차츰 정치, 제도적인 문제가 생기면 집현전에서 옛 제도를 연구하여 그 해결점을 찾기도 하였습니다.

집현전은 학문 연구만 한 것이 아니라 왕의 자문기관의 역할까지 하였습니다. 그래서 집현전은 당시 중앙부서 가운데 가장 많은 관리가 배치된 곳이기도 했습니다. 물론 집현전의 관리들은 특별한 대우를 받기도 했습니다. 나라에서 펴내는 책을 제일 먼저 받아볼 수 있었으며, 사헌부의 감찰을 받지 않아도 되었습니다. 이들은 또 세종이 특별히 만든 제도인 사가독서제를 통해 출근하지 않고 집에서 열심히 연구에만 전념해도 되었습니다. 지금으로 말하면 일종의 독서 휴가제인 셈이었습니다.

세종의 이런 배려에 힘입어 집현전 학자들은 눈부신 성과를 이루어냅니다. 조선 초기에 편찬된 수많은 유교경전과 역사서, 훈민정음, 지리서, 농업서적 등은 집현전 학자들이 참여하지 않은 것이 없을 정도입니다.

세종 때의 집현전은 순수 학문 연구기관으로의 기능과 역할이 강했는데, 문종 때부터는 국가시책의 논의에 참여하는 등 활발한 언론활동을 했습니다. 그러다보니 힘으로 왕위를 빼앗은 세조는 자신을 비판하는 집현전이 못마땅했습니다.

이러한 상황에서 1456년에 집현전 학사를 중심으로, 단종을 왕으로 다시 세우려는 사육신 사건이 터지자 세조는 집현전을 폐지해 버렸습니다.

이때, 평소 정치 권력에 뜻이 있던 신숙주, 정인지 같은 집현전 관리들은 세조 편에 서서 후에 정승 판서가 되기도 하였습니다. 하지만 대부분의 집현전 학자들은 세조의 정권 탈취를 옳지 않은 일로 여겼습니다.

훗날, 집현전의 폐지를 안타깝게 여긴 성종이 홍문관을 설치하면서 집현전의 옛 기능을 그대로 부활시켰습니다.

제5대 문종실록

병으로 뜻을 펼치지 못한 문종

뜻을 펼치지 못하고 병으로 죽다

1450년 2월, 세종이 죽자 문종은 8년의 섭정을 끝내고 마침내 왕위에 올랐다.

문종은 어릴 때부터 학문을 좋아해 늘 학자들을 가까이 했으며, 서예에도 능했고, 천문학과 수학, 언어학에도 밝았다. 그는 장영실이 만든 측우기 제작에도 직접 참여했으며, 세종의 훈민정음 반포 작업을 주도하기도 했다.

그는 밤이 되면 늘 집현전에서 숙직하는 선비들과 학문을 토론하곤 했다. 그 바람에 집현전 숙직 선비들은 밤에도 옷을 벗지 않고 세자를 기다렸다.

그러던 어느 날이었다. 성삼문이 숙직을 하다가 밤이 깊었는데도 세자가 행차하지 않자, 비로소 옷을 벗고 잘 준비를 하였다.

그때였다. 갑자기 문 밖에서 신발 끄는 소리가 들리더니, 누가 부르는 것이 아닌가?

"이보게, 삼문이!"

세자의 목소리였다.

성삼문이 급히 옷을 챙겨 입고 밖으로 나가 고개를 숙였다.

"어서 오소서, 세자저하."

"시경[1]을 읽다가 궁금한 것이 있어 왔네. 늦어서 미안하이."

"아니옵니다. 어서 드소서."

이렇듯 문종은 세자 시절부터 낮밤을 가리지 않고 공부에 전념했다. 하지만 낮엔 정무에 시달리고 밤엔 공부에 매달리다 보니, 건강이 몹시 나빠졌다.

그는 왕위에 오를 당시에도 건강이 무척 좋지 않았다. 세종이 병상에 누워 있을 때 문종도 등에 종기[2]가 나서 몹시 고생하고 있었다. 그래서 신하들이 늘 염려했다.

"저하, 절대 무리해서는 아니되옵니다. 만약 종기가 다시 도지면 위험하옵니다."

1. 시경

유교의 경전으로 오경 중의 하나이다. 오경은 다섯 가지 경서를 가리키는데 시경, 서경, 주역, 예기, 춘추 등이 그것이다.

《시경》은 고대 중국의 시가를 모아 엮은 책으로 공자에 의해 305편으로 간추려졌다.

공자는 만년에 제자를 가르치는 데 있어 시를 첫째로 삼았다. 그는 아들 백어에게 말하기를 "시경을 공부하지 않으면 마치 담벼락과 마주하고 있는 것과 같으니 시를 공부하라"고 권했다 한다. 이는 공자가 인간의 감정을 순화하고 사물을 다양하게 인식하는 데는 시만 한 것이 없다고 생각하였기 때문이다.

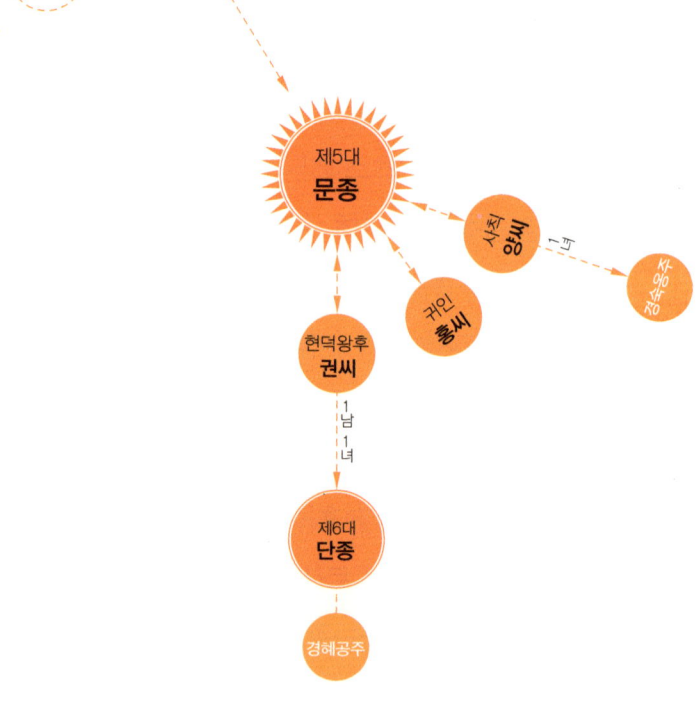

조선시대의 섭정

섭정은 왕을 대신하여 정치하는 것이다. 대개는 왕이 노쇠하거나 어릴 때, 다 큰 세자나 혹은 왕의 육친이 정사를 맡아 하는 것을 말한다.

조선시대에 섭정이 행해진 예는 다음과 같다.

조선 제8대 왕인 예종은 예종의 친모인 정희왕후의 섭정을 받았고, 제9대 왕 성종도 섭정을 받았으며, 제14대 선조도 명종의 왕비 인순왕후의 섭정을 받았다.

이후로 한동안 섭정이 없다가 제23대 순조 때 영조의 왕비 정순왕후가 섭정을 하였고, 제24대 헌종 때 순조의 비였던 순원왕후가 섭정을 하였다. 제25대 철종 때도 대왕대비인 순원왕후가 섭정을 하였고, 제26대 고종 때는 익종의 왕비 신정왕후가 섭정을 하였다. 이때 흥선대원군이 섭정을 넘겨받았다.

"알았네, 명심하겠네."

하지만 그의 종기가 채 아물기도 전에 세종이 승하(왕이 세상을 떠남)했기 때문에 문종은 겨울에도 따뜻한 방은커녕 차디찬 맨 바닥에서 빈소를 지켰고, 뜨거운 여름에도 부왕의 신주 모신 곳을 지키고 앉아 있었다.

문종의 건강을 염려한 황보인[3], 김종서 등의 신하들이 걱정스런 얼굴로 고했다.

"전하, 제발 건강을 돌보소서."

그러면 문종은 웃으면서 이렇게 말했다.

"내 건강이 어때서 그러시오."

그렇게 문종은 신하들의 말을 듣지 않고, 기어코 부왕의 신주를 모시며 3년상을 치렀다.

3년상을 치른 문종의 얼굴은 너무나 창백하고 핼쑥했다. 황보인이 다시 걱정이 되어 쉴 것을 요청했지만, 문종은 처리해야 할 정무가 산더미처럼 쌓였는데 어떻게 쉴 수 있느냐며 일에 매달렸다.

그러다가 문종은 3년상을 치른 지 1달도 채 못 되어 병상에 눕더니, 그만 중병으로 일어나지 못하고 말았다.

"어허, 하늘은 어찌 나를 이렇게 보내려 하는가. 현명한 군주가 되기 위해 그토록 많은 공부를 했건만……. 백성에게 선정(좋은 정치) 한번 펼쳐보지 못하고 이렇게 가는구나."

자신이 다시는 일어나지 못할 것이란 사실을 예감한 문종은 황보인, 김종서 등의 재상들을 불러들였다. 그리고 세자가 아직 어리니 잘 부탁한다는 말을 하였다.

"나는 이미 틀린 듯하오. 그러니 그대들은 어린 세자를 보필하여 이 나라를 지켜주시오."

유언을 남긴 문종은 재위 2년 3개월 만인 1452년 5월에 생을 마감했다. 세종의 3년상이 끝난 지 불과 3개월 만이었다.

2. 종기

종기는 혈액순환이 안 되어서 나쁜 피가 살 속에서 뭉치면서 썩고 고름이 생기는 병이다.
중국의 역사서 《초한지》에 보면 초나라의 항우를 돕던 범증이 한나라 유방의 계략에 빠져 억울한 누명을 쓰고 쫓겨나자 갑자기 등에 커다란 종기가 나서 죽었다고 한다.

3. 황보인 (?~1453)

조선 초기의 문신. 김종서와 함께 북방을 개척하는 데 큰 공을 세웠다. 태종 14년에 문과에 급제하여 벼슬길에 나섰으며, 병조판서, 함길도 도체찰사 등을 역임하면서 왕의 대소수행에 항상 호종(모시고 따름)할 정도로 신임을 얻었다. 그후 문종의 뜻에 따라 단종을 보필하던 중 수양대군이 일으킨 계유정난 때 김종서와 함께 피살되었다.

문종의 생애

문종은 세종의 장남이며, 소헌왕후 심씨 소생으로 1414년 10월 3일에 한양에서 태어났다. 이름은 향, 자는 휘지다.

그는 8세가 되던 1421년에 세자에 책봉되었고, 1437년에 세종을 대신하여 서무를 결재했으며, 1442년부터는 섭정을 하다가 1450년 2월 17일에 세종이 영응대군의 집에서 승하하자, 바로 즉위하였다.

그는 독서를 좋아하고, 학자를 가까이 했으며, 천문과 역산, 언어, 서예 등에 뛰어났다. 성격은 유순하고 자상했으며, 거동에 기풍이 있고 판단이 신중하여 누구를 함부로 비난하거나 남에게 비난받는 행동을 하지 않았다. 그러나 지나치게 어진 탓으로 과단성이 부족하고, 육신 또한 약했다.

그는 세종시대에 이미 서무 결재와 섭정을 경험하였기에 치세에 무리가 없었고, 조정은 안정된 편이었다. 하지만 병약한 몸으로 지나치게 정무에 매달린 탓에 건강이 악화되어 죽음을 재촉했다.

세종의 임종이 닥쳤을 때, 그는 등창을 앓은 직후였다. 부스럼 터진 구멍이 제대로 아물지도 않은 상태에서 국상을 맞이한 것이다. 신하들은 그의 건강을 염려하여 따뜻한 방에 거처하며 치료하기를 청했으나, 그는 끝내 듣지 않았고, 무리하여 3년상을 치러냈다.

3년상 후에는 신하들을 일일이 윤대(신하들이 차례로 왕에게 업무에 대해 보고하는 일)하며 정사에 지나친 열정을 보였는데, 이것이 화근이 되어 와병(병으로 자리에 누움)하였다. 그리고 3년상을 끝낸 지 3개월 만인 1452년 5월 14일에 경복궁의 천추전에서 39세를 일기로 생을 마감했다.

명나라 조정에서 시호를 공순이라 하였고, 조선에서는 묘호를 문종으로 올렸다. 여기에 여러 시호와 존호가 추가되어 정식 명칭은 '문종공순흠명인숙광문성효대왕(文宗恭順欽明仁肅光文聖孝大王)'이다.

능은 양주 건원릉 동쪽 산(지금의 경기도 구리시 인창동)에 마련되었으며, 능호는 현릉이라 하였다.

문종은 왕위에 오른 뒤 따로 정비를 두지 않았고, 죽은 세자빈 권씨를 왕비로 추존하였다. 문종은 정비 1명과 후궁 2명을 두었으며, 정비 권씨에게서 1남 1녀, 후궁에게서 1녀를 얻었다.

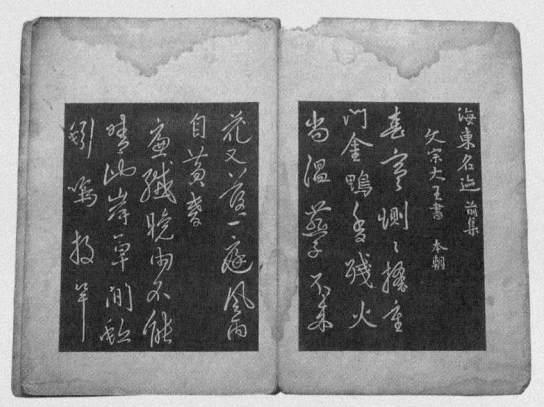

문종 어필

해동명적에 있는 문종의 글씨이다.

예술의전당 서예관 소장

문종의 왕비

현덕왕후 권씨 (1418~1441)

현덕왕후 권씨는 안동 권씨 전의 딸이다. 1418년 3월 12일에 홍주 합덕현에서 태어났으며, 1431년에 14세의 나이로 세자 향의 후궁으로 뽑혀 동궁에 입궐해 승휘(종4품)에 책봉되었다. 이후 양원(종3품)으로 승진되었다.

당시 세종은 두 명의 세자빈을 내쫓았다. 처음으로 세자빈에 뽑힌 이는 김오문의 딸 휘빈 김씨였으나 투기가 심하다 하여 1429년에 내쫓겼다. 이어 세자빈에 책봉된 이는 봉여의 딸 순빈 봉씨였는데, 그녀 또한 행동이 방정하지 못하다 하여 1436년에 폐출되었다.

권씨는 그들에 이어 세 번째로 세자빈에 책봉되었다.

세자빈에 책봉된 그녀는 단종을 낳은 지 이틀만인 1441년 7월 24일에 동궁의 자선당에서 24세의 젊은 나이로 생을 마감했다.

문종이 왕위에 오른 뒤에 왕후로 추봉되었으며, 능호는 현릉이다.

현덕왕후는 처음에 안산에 묻혀 소릉이라 불렀다. 그러나 세조 때 사육신 사건이 발생하자 폐위되었고, 그녀의 어머니 최씨와 남동생 권자신도 극형을 당했다.

1457년에 세조가 자다가 꿈을 꾸었는데, 현덕왕후가 꿈에 나타나 "네가 죄 없는 내 자식을 죽였으니, 나 또한 네 자식을 죽이겠다"고 했다. 세조가 놀라서 일어났는데, 세자(덕종)가 죽었다는 연락이 왔다. 세조는 분을 이기지 못하고 소릉을 파헤치도록 명령하였다. 이 때문에 능 주변에 심은 소나무들이 뽑히고, 관은 강물 속으로 던져졌으며, 석물은 모두 다른 용도로 사용되었다. 또한 그녀의 무덤은 평민의 예로 강가에 마련되었다.

1471년에 남효온이 소릉의 복위를 건의하였고, 1495년에 대사간 김극뉴, 김일손 등이 다시 건의하였다. 그 후, 1513년에 그녀의 신주가 종묘 문종실에 봉안되었고, 1699년에 단종의 신주가 종묘에 모셔지면서 문종의 능 현릉 왼편으로 이장되었다.

권씨는 1남 1녀를 낳았는데, 단종과 경혜공주이다.

제6대 단종실록

비운의 왕 단종

왕위를 빼앗기 위해 반란을 일으킨 수양대군[1]

1452년 5월, 문종이 죽자 12세의 어린 소년 단종이 왕위에 올랐다. 스무 살 이하의 어린 왕이 즉위하면 대비나 왕대비가 수렴을 내려놓고 대신 정치를 하는 것이 관례였다. 그러나 단종에게는 그런 섭정을 해 줄 어머니도 할머니도 없었다. 심지어 왕비도 없는 상태였기에 외척의 도움을 받을 수도 없었다.

이런 까닭에 모든 결정은 의정부와 육조에 의해 이뤄졌으며, 왕은 단지 형식적인 결재를 하는 데 그쳤다.

조정의 대신들은 황표정사[2] 제도를 도입하여 인재 등용까지 자신들이 결정을 하였다. 황표정사란 조정의 대신들이 새롭게 기용될 인물들의 이름에 황색 점을 찍어두면, 왕이 그 점 위에 검은 점을 찍는 제도였다.

이렇듯 왕은 허수아비와 같은 존재가 되었고, 반대로 신하들의 힘은 강해졌다. 특히 문종에게 단종을 잘 보살펴 달라는 부탁을 받은 영의정 황보인과 우의정 김종서에게 권력이 집중되었다.

하지만 다행스럽게도 황보인과 김종서는 뜻이 바르고 개인적인 욕심이 없는 인물이었다. 두 재상은 서로 손을 맞잡고 단종을 끝까지 보필할 것을 맹세했다. 하지만 왕족들은 그들을 의심어린 눈초리로 바라보고 있었다.

단종에게는 수양대군, 안평대군[3], 임영대군[4], 금성대군[5], 영응대군[6] 등 5명의 삼촌이 있었는데, 이들 중에서 큰삼촌인 수양대군이 특히 문제였다.

수양대군은 장차 김종서와 황보인이 왕권을 탈취할 게 뻔하다며 무슨 수단을 써서라도 그들을 쫓아내고자 했다. 수양대군은 이 일을 위해 꾀 많고 머리 회전이 빠른 사람들을 끌어 모았다.

그 소식을 듣고 권람[7]이라는 인물이 수양대군을 찾아갔다.

"나리께서 이 몸을 필요로 하실 것 같아서 왔습니다."

수양대군은 그를 반갑게 맞이하며 말했다.

"오, 어서 오시오. 그대에 관한 소문은 익히 들었소."

권람은 조선 초기의 대학자 권근의 손자였다. 어릴 때부터 학문이 깊고 뜻이 커서 책과 책상을 말에 싣고 전국을 떠돌며 공부를 한 것으로 유명했다. 또한 그와 동문수학한 친구 중에는 세조의 모사꾼이었던 한명회[8]도 있었다.

---

1. 수양대군 (1417~1468)

세종의 차남으로 소헌왕후 심씨 소생이다. 어린 조카인 단종을 폐하고 스스로 왕위에 올랐다.

2. 황표정사

관리를 임명하는 문제에 있어서 새롭게 기용될 인물의 이름 위에 황보인과 김종서가 황색 점을 찍어 놓으면 왕이 그 위에 검은 점을 찍어 승낙하는 식의 정무 처리 방식을 말한다.

3. 안평대군 (1418~1453)

안평대군은 세종의 셋째 아들로 소헌왕후 심씨 소생이다. 학문과 서화를 좋아했으며, 식견과 도량도 넓어 당대 사람들의 사랑과 존경을 받았다. 1453년, 수양대군이 일으킨 계유정난 때 실각(실패하여 지위를 잃음)하여 강화도로 귀양을 가게 되었으며 곧이어 사사(사약을 먹고 자결하게 함)되었다.

4. 임영대군 (1419~1469)

임영대군은 세종의 넷째 아들로 소헌왕후 심씨 소생이다. 계유정난으로 세조가 정권을 잡자 그를 보좌하여 크게 신임을 얻고 영화를 누리다가, 예종 1년에 51세를 일기로 생을 마쳤다.

5. 금성대군 (1426~1457)

금성대군은 세종의 여섯째 아들로 소헌왕후 심씨 소생이다. 단종복위계획을 세우다가 거사를 앞두고 관노의 고발로 체포되어 역모죄로 처형을 당하였다.

6. 영응대군 (1434~1467)

영응대군은 세종의 여덟째 아들로 소헌왕후 심씨의 막내 아들이기도 하다. 서화와 음률에 뛰어난 재주를 보였다.

한명회는 조선 개국 당시 명나라에 파견되어 '조선'이라는 국호를 확정짓고 돌아온 한상질의 손자였다. 일찍 부모를 여의고 불우한 소년 시절을 보낸 탓에 제대로 학업에 전념할 수 없었고, 그로 인해 과거에 번번이 실패해 38세의 나이로 최고 말단 관리인 궁지기로 살고 있는 인물이었다. 그러나 수양대군을 만나면서 그는 새로운 인생을 살게 된다.

권람은 수양대군에게 한명회를 소개했다. 이때 수양대군은 한명회에게 이렇게 물었다.

"그대는 내가 앞으로 어떻게 해야 된다고 생각하는가?"

한명회가 눈을 반짝이며 대답했다.

"나리께선 머지않아 용상에 앉으실 것이옵니다."

수양대군은 깜짝 놀랐다.

'아니, 이 자가 내 마음을 어떻게 읽었단 말인가?'

한명회는 수양대군에게 충성을 맹세하였고, 수양대군은 그의 비상한 꾀를 높이 평가하여 늘 옆에 거느리고 다녔다. 또한 그는 한명회와 권람을 시켜 은밀히 많은 무사들을 끌어 모았다. 여차하면 김종서와 황보인을 죽이고, 정권을 장악하려는 의도였다.

수양대군이 한명회와 권람을 이용하여 세력을 확대하고 있을 무렵, 좌의정 남지가 건강이 악화되어 물러나고 김종서가 좌의정 자리에 올랐다. 그리고 새롭게 우의정이 된 사람은 정분이었다. 세 재상은 매일같이 의정부에 모여 앉아 정사를 논의했다.

그 무렵, 성 안에서는 그들 세 재상이 나라를 망치고 있다는 소문이 퍼지고 있었다. 그들은 그 소문이 수양대군의 집에서 흘러나온 것으로 짐작하고 있었다. 어린 왕을 대신하여 재상들이 정치를 하자, 왕실에서 제일 높은 위치에 있던 수양대군은 왕실 사람들을 무시한다고 몹시 기분 나빠했다. 하지만 재상들은 수양대군이 권력을 쥐면 왕권이 불안해질 수 있다는 판단 아래 보다 세력이 약한 안평대군에게 힘을 실어 주었다. 그 때문에 재상들은 안평대군과 가까이 지내며 나랏일을 의논하곤 했다.

세 재상이 안평대군의 집을 들락거린다는 소문은 금세 수양대군의 귀에 들어갔다. 수양대군은 재상들이 자기를 무시하기로 작정했다며 분통을 터뜨렸다. 그리고 왕위를 차지하기 위해 안평대군과 세 대신을 모두 죽이기로 결심했다.

한명회와 권람은 그 일을 위해 별의별 모략을 다 짰는데, 세 대신 중에 가장 큰 걸림돌은 김종서였다. 김종서는 세종시대에 승정원의 승지를 지내기도 했고, 변방에서 여진족을 토벌한 경험도 있었다. 그런 까닭에 조정의 일에도 밝았고, 백성들과 무신들의 존경도 받고 있었다. 더욱이 그는 판단력이 좋고 눈치도 빠른 인물이었다. 그런 그를 속이자면 뭔가 특별한 대책이 필요했다.

수양대군과 그의 수하들은 머리를 맞대며 고민한 끝에 수양대군이 명나라에 사신으로 다녀오기로 했다. 그가 명나라에 가고자 한 이유는 세 가지였다. 첫째는 김종서를 포함한 조정 대

7. 권람 (1416~1465)
조선 개국 초기의 공신이었던 권근의 손자이다. 어릴 때부터 학문에 몰두하여 그 재주가 출중하였다 한다. 한명회를 만나 새로운 권력을 꿈꾸게 되었으며, 그를 수양대군에게 적극 천거하는 등 권력지향적인 행보를 하게 된다.

8. 한명회 (1415~1487)
친구 권람의 소개로 수양대군을 만나 거사를 의논하고 계유정난을 성공시킴으로서 명실공히 수양대군의 최측근이 되었다. 한명회를 신임한 세조는 그의 두 딸을 며느리와 손자며느리로 삼았다. 예종의 왕비와 성종의 왕비가 모두 한명회의 딸이다.

9. 서장관
조선시대에 중국에 가던 사신 일행 중에 기록을 담당하던 기록관을 가리킨다.

신들을 안심시키는 것이었고, 둘째는 당시에 명민한 인물로 소문나 있던 신숙주를 자기편으로 끌어들이는 것이었으며, 셋째는 명나라 조정과 친해지고 명나라 황제의 환심을 살 기회를 얻는 것이었다.

하지만 염려스런 문제가 있었다. 혹 그가 명나라에 간 사이에 김종서 세력이 그를 역적으로 몰아버리면 어쩌나 하는 것이었다. 그래서 수양대군은 황보인의 아들 황보석과 김종서의 아들 김승규를 데리고 가기로 했다.

1452년 10월, 수양대군은 조정에 나가서 자신이 이번에 사신이 되어 명나라에 다녀오겠다고 했다. 그러자 의정부 대신들은 그의 의도도 모르고 흔쾌히 수락했다. 며칠 뒤, 수양대군은 사절단을 이끌고 명나라로 떠났다. 또한 계획대로 외교문서를 담당할 서장관[9]으로 신숙주를 임명하여 함께 데리고 갔다.

명나라로 가던 도중에 수양대군은 신숙주의 마음을 은근히 떠보았다.

"자네는 김종서에 대해서 어떻게 생각하는가?"

신숙주가 대답했다.

"의기와 정의감이 있어 변방을 지켜낼 인물이긴 하나 조정을 이끌 만한 재목은 아니라고 봅니다."

수양대군이 다시 물었다.

"그러면 자네는 누가 조정을 이끌어야 나라꼴이 제대로 될 것 같은가?"

그 물음에 신숙주는 눈을 반짝이며 대답했다.

"이제 나리께서 나서야 할 때가 아닌지요."

신숙주는 그렇게 수양대군의 편이 되었다. 신숙주를 심복으로 삼는 데 성공한 수양대군은 명나라에 가서 황제를 만나고 1453년 4월에 돌아왔다.

그로부터 6개월이 지난 10월 10일 해질 무렵, 수양대군은 관복을 차려입고 수하 무사인 홍순손, 양정, 유수 세 사람에게 평복을 입힌 채 김종서의 집으로 향했다.

무사들은 모두 옷소매 속에 작은 철퇴를 하나씩 숨기고 수양대군의 뒤를 따랐다. 김종서의 집 앞에 이르니 그의 아들 김승규가 신사면, 윤광은 등과 함께 문 앞에 서 있었다.

김승규는 그 시간에 수양대군이 찾아온 것을 수상하게 여겼다.

"나리께서 이 시간에 웬일로 오셨습니까?"

수양대군은 태연하게 대답했다.

"내 자네 아버님께 긴히 드릴 말씀이 있어 왔네."

김승규는 이상한 마음이 들었지만, 그래도 일단 안으로 들어가자고 했다. 하지만 수양대군은 급히 대궐에 들어가야 하는데, 곧 해가 질 것 같으니 몇 마디만 물어 보고 가겠다며 김종서를 밖으로 불러달라고 했다.

잠시 뒤, 김종서가 문을 열고 나오고, 그 뒤를 김승규가 따라 나왔다.

수양대군은 김종서에게 급한 일이라 실례를 무릅쓰고 왔다고 하였다. 김종서가 의아하게 여기며 물었다.

10. 종부시

조선시대에 왕실의 족보인 선원보첩의 편찬과 종실의 잘못을 규탄하는 임무를 맡았던 관청이다.

"그래, 무슨 일이외까?"

수양대군이 대답했다.

"종부시[10]에서 영응대군의 부인을 탄핵했는데, 좌의정께서 제게 방침을 좀 알려주셔야 할 것 같습니다. 어찌 해야 좋겠습니까?"

당시 영응대군의 부인 송씨는 함부로 동래 온천에 놀러갔다가 민간에게 피해를 끼쳤다는 이유로 탄핵을 당한 상태였다.

그때 수양대군의 관모에서 사슴뿔이 떨어졌다. 그러자 김종서가 대궐에 들어가실 분이 관모에 뿔이 없어서야 되겠냐며 아들 김승규에게 자신의 관모를 가져오라고 시켰다. 김승규가 안으로 사라지자, 그때를 놓치지 않고 수양대군의 수하 무사들이 김종서에게 철퇴를 날렸다. 순식간에 당한 일이라 김종서는 손쓸 틈도 없었다.

김종서의 비명소리를 듣고 안에서 김승규가 뛰쳐나왔다. 그때 양정이 단도를 뽑아 김승규를 찔러 죽였다.

그런 다음 수양대군은 수하들을 이끌고 급히 대궐로 향했다. 대궐문을 지키고 있던 자들은 이미 매수해둔 터라 쉽게 대궐문이 열렸고, 이어 입직 승지인

최항이 뛰어나와 수양대군을 맞이했다. 최항도 이미 수양의 편에 섰던 것이다.

수양대군은 단종을 만나 역모가 일어났다고 말했다. 단종이 하얗게 질린 얼굴로 물었다.

"숙부, 도대체 누가 역모를 일으켰단 말입니까?"

"김종서와 황보인이 여러 대신들과 공모하여 전하를 내쫓고 안평대군을 보위에 앉히려 하였사옵니다."

"이제 어찌 해야 합니까?"

"모두 소신에게 맡겨주소서. 그러면 소신이 역당들을 모두 처치하겠나이다."

"알겠습니다. 과인은 숙부만 믿겠습니다."

수양대군은 곧 왕의 명령이라며 모든 대신들을 대궐로 오도록 했다.

한편, 대궐 입구엔 한명회가 살생부[1]를 들고 대신들을 기다렸다. 그리고 대신들이 들어올 때마다 생과 살을 외쳤다. 그의 입에서 '살'이라는 소리가 떨어지면 무사들이 철퇴와 칼과 창으로 대신들을 죽였다.

그렇게 해서 수십 명의 대신들이 죽임을 당했다. 어느덧 대궐 안쪽에는 영의정 황보인을 비롯한 대신들의 시신이 수북이 쌓였다.

정적을 모두 죽인 수양대군은 곧 안평대군을 잡아들여 강화도로 귀양 보냈다가, 얼마 뒤에 사약을 내려 죽였다.

11. 살생부
말 그대로 살릴 사람과 죽일 사람의 명단을 적어 놓은 장부로 주로 죽일 사람의 명단을 적어 놓은 장부를 말한다.

12. 찬탈

'빼앗을 찬(簒)'과 '빼앗을 탈(奪)'로 이루어진 이 글자는 빼앗는다는 뜻을 두 번 중첩시킴으로 그 빼앗음의 정도가 아주 큰 것을 나타낸다. 특히 왕의 자리를 빼앗는 것을 가리켜 찬탈이라 한다.

이징옥의 난과 수양대군의 왕위 찬탈[12]

최대의 정적이었던 김종서를 비롯한 모든 정적을 제거한 수양대군은 스스로 영의정이 되었고, 이조판서와 병조판서, 병마도통사를 겸했다. 그야말로 조정을 독차지하게 된 것이다.

그렇지만 아직 안심할 단계는 아니었다. 특히 함길도(지금의 함경도) 절제사인 이징옥이 문제였다.

이징옥은 맨손으로 호랑이를 잡는 용맹스런 장수로 이름이 높았다. 또한 김종서와 함께 북방의 영토를 개척하여 세종의 총애를 받은 인물이었다. 때문에 이징옥과 김종서는 친분이 두터웠다. 그런데 만약 이징옥이 김종서의 죽음을 알게 되면 변방의 군대를 이끌고 도성으로 쳐들어올까 염려스러웠던 것이다.

고민 끝에 수양대군은 곧 이징옥을 함길도 절제사에서 파직하고, 박호문[13]이라는 인물을 후임으로 보냈다. 하지만 이징옥은 조정에서 갑작스럽게 자신을 파직하는 것을 납득할 수 없었다.

이징옥은 곧 갑옷을 입고, 겉에 다시 도포를 입었다. 그리고 도포 속에 짧은 칼 한 자루를 감추고 박호문의 진영으로 갔다.

이징옥이 찾아왔다는 소리를 듣고 박호문이 부하에게 물었다.

"차림새가 어떻더냐?"

"도포 차림에 갓을 썼습니다."

"몇 사람이나 같이 왔더냐?"

"혼자 왔습니다."

박호문은 그 말을 듣고 제아무리 천하의 이징옥이라고 해도 혼자서 그런 차림으로 무슨 짓을 저지르지는 못할 것이라는 생각을 하며 문밖으로 나갔다. 박호문이 문밖으로 나오며 고개를 숙여 인사를 하는데, 눈 깜짝할 사이에 이징옥은 박호문의 목을 감아쥐고 도포 속에서 칼을 꺼내 위협했다.

"솔직히 말하지 않으면 이 칼이 목을 찌를 것이다. 조정에 무슨 일이 있느냐?"

박호문이 벌벌 떨며 대답했다.

"이 장군, 살, 살려 주시오. 바른대로 말하겠소이다."

당황한 박호문의 부하들이 이징옥을 둘러쌌는데, 뒤쪽에서 '와아' 하는 함성과 함께 한 무리의 군사가 몰려나왔다. 이징옥의 부하들이 숲 속에 숨어 있다가 몰려나온 것이다. 이징옥의 부하들이 주변을 에워싸자, 수적으로 상대가 되지 않던 박호문의 부하들은 싸워볼 엄두도 내지 못하고 모두 칼을 던지고 항복했다.

그러자 박호문은 수양대군이 김종서와 황보인 일당을 죽이고, 정권을 잡았다고 말했다.

이징옥은 박호문을 죽이고 목을 잘라 창에 꽂아둔 채 병력을 집결시켰다.

이징옥은 병사들에게 이렇게 소리쳤다.

"수양대군이 반란을 일으켜 김종서 대감을 죽이고, 전하를

13. 박호문 (?~1453)
세종 때 무과에 급제하였고, 최윤덕 장군의 부장으로 출정하여 파저강(두만강 지류) 일대의 야인을 정벌하였다. 수양대군에 의해 함길도 절제사로 임명되었으나, 이에 불만을 품은 이징옥에게 살해되었다.

14. 정종 (?~1476)
세종 때 무과에 급제하였고, 단종 1년에 난을 일으킨 이징옥을 포살한 공로로 당상관으로 승진하였다.

15. 호군
조선시대 정4품의 무관직.

16. 이행검
조선 초기의 무신. 이징옥이 난을 일으키자 종성판관 정종과 함께 꾀를 내어 이징옥을 종성에 머무르게 한 뒤, 밤에 군대를 끌고 들어가 이징옥과 그의 아들을 살해하였다. 그 공로로 1등 공신이 되었다.

협박하여 왕위를 찬탈하려 하고 있다. 우리는 그 간악한 역적놈을 죽여 나라를 구해야 할 것이다."

이징옥은 곧 여진족 추장들을 모두 소집해 조정에 반란이 일어나 나라가 위태롭게 되었으니, 함께 한양으로 내려가 왕을 구하고 공을 세우자고 제의했다. 또한 거사에 성공하면 그들에게 큰 벼슬을 내려 주고 조선 땅에서 편안하게 살 수 있게 해 주겠다고 약속했다.

여진족 추장들은 회의 끝에 이징옥의 제의를 수락했다.

한편, 이징옥이 군대를 일으켜 한양으로 내려오고 있다는 소식을 접한 수양대군 측은 몹시 당황했다.

그때 한명회가 종성판관 정종[14]에게 밀정을 보내 이징옥의 목을 가져오면 큰 상을 내리겠다는 밀서를 보냈다.

정종은 은밀히 호군[15] 이행검[16]을 만나 이징옥을 죽이기로 논의했다. 그리고 그들은 그날 밤에 자신의 부하들을 이끌고 이징옥의 집을 에워싼 채 자객 3명을 집안으로 들여보냈다.

잠들어 있던 이징옥은 자객들이 문을 열고 들이닥치자 잠에서 깨어났다. 그때 자객 하나가 이징옥의 팔을 칼로 내리쳤다. 그러나 칼날이 스치기만 했을 뿐 이징옥의 팔을 자르진 못했다. 재빠르게 피한 이징옥은 자객의 칼을 빼앗아 3명을 한꺼번에 죽이고, 밖으로 뛰쳐나갔다.

바깥엔 정종과 이행검의 부하들 백여 명이 버티고 있었다.

이징옥은 칼을 내휘두르며 앞으로 돌진했다. 수십 명이 한꺼번에 이징옥에 덤볐지만 덤비는 족족 쓰러졌다. 결국 이징옥은 백 명도 넘는 이행검의 부하들을 뚫고 대문 밖으로 나왔다. 하지만 대문 밖에는 정종과 이행검이 백여 명의 궁수들과 함께 기다리고 있었다.

이징옥이 칼을 앞세우고 뛰어나오자 정종이 사격 명령을 내렸다. 정종의 명령과 동시에 수백 발의 화살이 쏟아졌다. 이징옥은 칼로 화살을 쳐내며 전진했지만, 수백 발의 화살을 한꺼번에 막아낼 수 없었다. 그의 팔, 다리, 배 할 것 없이 온몸에 화살이 꽂혔고, 급기야 양쪽 눈까지 화살에 맞자 쓰러지고 말았다.

4군과 6진 개척의 영웅 이징옥은 1453년 10월, 그렇게 비운의 죽음을 맞이하고 말았다.

이징옥이 죽자, 수양대군은 단종을 위협하여 왕위에서 밀어내고 1455년 6월에 왕위에 올랐다. 단종이 스스로 물러나는 형식을 취했지만, 그것은 수양대군과 그 일당들의 위협에 의한 명백한 왕위 찬탈이었다.

왕위에서 밀려난 단종은 상왕이 되었지만, 1년 뒤인 1456년 6월에 사육신 사건이 터지는 바람에 노산군으로 강등되어 영월로 유배되었다. 그 뒤 1457년 9월에 단종의 숙부 중 하나인 금성대군이 단종복위를 꾀하다가 발각되었는데, 이 일을 이유삼아 세조(수양대군)는 단종을 죽였다. 세조가 내린 사약을 받고 죽

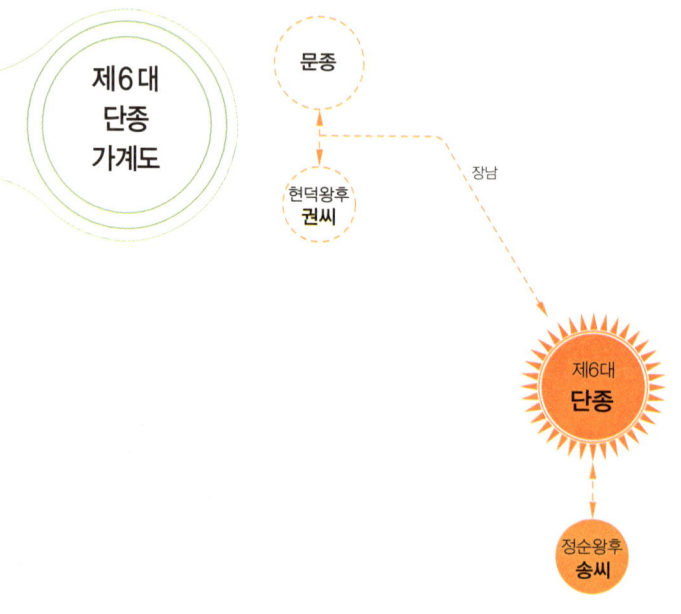

　을 당시에 단종의 나이는 불과 17세였다.
　죽은 뒤에도 단종은 오랫동안 평민의 신분이었다가 2백 년도 더 지난 1681년, 숙종에 의해 노산대군으로 추봉(죽은 뒤에 작위를 받는 것)되었고, 다시 1698년에 단종으로 복위되었다. 능은 장릉인데, 강원도 영월에 있다.
　세조가 단종을 영월로 내쫓은 뒤부터 궁궐에는 귀신이 돌아다닌다는 흉흉한 소문이 나돌기 시작했다. 귀신의 주인공은 바로 단종의 어머니 현덕왕후였다. 세조의 큰아들인 의경세자는 마음이 아주 약한 인물이었던지 궁궐에 귀신이 돌아다닌다는 소리를 듣고 두려움에 떨며 지내다가 그만 공포에 질려 죽고 말았던 것이다.
　세조는 분을 이기지 못하고 현덕왕후의 무덤을 파헤쳤다. 그리고 관을 꺼내 강물에 던져버리고, 능에 세워둔 석상들은 모두 뽑아내 다리를 만들어 사람들로 하여금 밟고 다니게 했다. 또한 무덤을 흐르는 강물 옆에 조그맣게 만들었다.

그 뒤, 현덕왕후가 세조의 꿈에 나타났다. 꿈에서 현덕왕후는 세조에게 침을 뱉었고, 그 침이 벌레가 되어 세조의 몸에 달라붙었다.

그리고 세조가 꿈에서 깨어났는데, 이상하게 몸이 근질근질했다. 살펴보니, 꿈속에서 현덕왕후의 침을 맞았던 곳에 붉은 반점이 생긴 것이 아닌가.

세조는 반점을 마구 긁기 시작했다. 그러자 반점이 모두 부스럼이 되어 그곳에서 고름이 나기 시작했다.

세조는 그 피부병을 고치기 위해 전국에서 물이 좋다는 곳은 모두 찾아다녀야 했다고 하니 '죄지은 사람은 다리 뻗고 자지 못한다.'는 옛말이 한 점 틀린 게 없음을 알게 하는 일화라고 하겠다.

장릉

세조의 왕위 찬탈로 영월로 유배되었다가 죽임을 당한 단종의 능이다.

강원도 영월

단종의 생애

단종은 문종의 장남이며, 현덕왕후 권씨 소생이다. 1441년 7월 23일에 동궁의 자선당에서 태어났으며, 이름은 홍위다. 1448년에 왕세손에 책봉되었으며, 1450년에 문종이 왕위에 오르자, 그 해 7월에 세자에 책봉되었다. 1452년 5월 14일에 문종이 죽자, 12세의 어린 나이로 왕위에 올랐다.

미성년인 왕이 즉위했을 경우, 대비나 왕대비가 섭정을 하는 것이 관례였지만 그에겐 어머니도 할머니도 없었다. 그런 까닭에 수양대군을 비롯한 왕숙들이 왕위를 노렸고, 한편에선 김종서, 황보인 등의 고명대신(왕이 유언으로 뒷일을 부탁한 신하)들이 왕을 지킨다는 명분을 내세워 정사를 하였다. 이런 상황에서 수양대군이 김종서, 황보인 등을 살해하는 극단적인 정변이 발생했다.

이후 수양대군의 협박과 회유를 이기지 못한 단종은 1455년 6월 11일에 세조에게 왕위를 전하고 상왕으로 물러났다가, 이듬해 사육신 사건이 발생하여 1457년 6월에 노산군으로 강등되어 궁 밖으로 쫓겨났다. 그 해 10월 24일에 영월에서 죽었다. 그때 나이는 17세였다.

훗날 1681년에 노산대군으로 추봉되었고, 1698년에 복위되어 단종이라는 묘호가 올려졌다. 여기에 여러 시호와 존호가 추가되어 정식 칭호는 '단종공의온문순정안장경순돈효대왕(端宗恭懿溫文純定安莊景順敦孝大王)'이다.

능은 강원도 영월 북쪽에 있고, 능호는 장릉이다.

부인은 정비 1명뿐이었으며, 자손은 없었다.

단종의 왕비

정순왕후 송씨 (1440~1521)

정순왕후 송씨는 여산 송씨 현수의 딸이다. 1440년에 태어났으며, 1454년 1월 22일에 왕비에 책봉되었다.

당시 단종은 3년상을 거행하는 중이었기 때문에 그녀의 책봉에 대해 논란이 있었다. 어린 단종의 왕비 책봉은 영의정을 맡고 있던 수양대군이 발의한 것인데, 그 소식을 듣고 우의정 정인지는 거상 중에 가례를 올리는 것은 예도에 어긋난다고 반대했다. 이에 수양대군은 세종의 후궁 혜빈 양씨의 요청이라며 정승들에게 가례 준비를 하라고 강압하여 결국 성사시켰다.

그녀가 왕비에 책봉되자, 관례대로 송현수는 영돈령부사에 임명되었다. 후에 금성대군이 단종복위를 꾀하다 발각되자, 송현수도 함께 도모했다 하여 교수형을 당했다.

정순왕후는 이듬해 7월에 단종이 상왕으로 물러나자, 의덕왕대비가 되었다. 이후 1457년에 단종이 노산군으로 강등되자, 부인으로 강등되었으며, 1521년 서인(평민)의 신분으로 죽었다. 그때 나이는 82세였다.

1698년에 단종이 복위되자, 함께 복위되었으며, 능은 경기도 양주 군장리에 있으며, 능호는 사릉이다.

제7대 세조실록

강한 왕권을 실현한 세조

세조시대의 세계 약사

중국의 명나라에서는 대지진이 발생해 전국이 기근과 가뭄에 시달려 혼란에 빠졌으며, 일본에서는 '응인의 난'이 일어나 본격적인 전국시대가 시작되었다. 한편 유럽은 독일에서 프라이부르크대학이 창립되었고, 이탈리아에서는 베네치아 공공도서관이 설립되었으며, 로마에 처음으로 인쇄소가 설치되어 문화적인 발흥을 이루게 되었다.

사육신과 금성대군이 단종복위를 꾀하다

1455년 6월, 수양대군(세조)은 마침내 단종을 밀어내고 왕위를 차지했다. 그리고 자신의 측근들인 한명회, 권람, 신숙주, 정인지, 정창손[1] 등을 중요한 자리에 앉혔다. 하지만 세조와 그 무리들은 여전히 안심이 되지 않았다.

그들이 비록 왕위를 차지하고 조정을 장악하긴 했지만, 아직 반발 세력이 많았다. 특히 성삼문을 비롯한 집현전 출신 학자들이 두려웠다. 그 때문에 세조는 빨리 상왕(단종)을 내쫓을 궁리를 하고 있었다. 상왕이 궁궐에 머물고 있기 때문에 반발 세력이 사라지지 않는다고 보았던 것이다.

그때 집현전 학자들을 중심으로 비밀리에 단종복위운동[2]이

진행되고 있었다. 거사에 동참하기로 한 사람은 성삼문과 박팽년, 유응부[3], 이개, 하위지[4], 김질[5] 등이었다. 하루는 학자들이 성삼문의 집에 모여 앉아 거사 계획을 짰는데, 유응부가 말했다.

"좋은 기회가 왔어요. 이번에 명나라 사신을 창덕궁으로 초청하는 자리에 이 몸이 왕을 호위하는 별운검[6]으로 뽑혔어요."

그러나 며칠 뒤에 명나라 사신을 초대하는 자리에 별운검을 세우지 않기로 결정되었다. 별운검 중에 자객이라도 섞여 있을지 모른다는 두려움 때문이었다. 이 때문에 거사 계획이 미뤄졌다. 그렇게 되자, 그 자리에 함께 있던 김질은 속으로 딴 생각을 품었다.

'거사는 이미 물거품이 된 거야. 이러다 자칫 들통이 나기라도 하면 죽은 목숨 아닌가.'

김질은 모임이 끝나자마자, 자신의 장인 정창손에게 달려가 그간 있었던 거사 계획을 낱낱이 알렸다.

정창손은 김질을 이끌고 세조를 찾아가 반역 모의가 진행 중이라고 고발했다.

세조는 성삼문, 박팽년, 유응부, 이개, 하위지 등을 차례로 불러와 직접 국문했다.

"삼문, 네놈은 내가 특별히 아꼈건만, 어찌하여 나를 죽이려 했느냐?"

성삼문이 대답했다.

"선비는 두 명의 왕을 섬기지 않는 법이고, 신하는 자신의 왕

---

1. 정창손 (1402~1487)

세종 때 집현전 교리를 지냈던 학자. 사위 김질이 단종복위를 모의하였다가 사정이 여의치 않자 이 사실을 그에게 발설하였고, 그는 이 사실을 세조에게 고하였다. 이 공으로 그는 좌익공신 2등에 책록되고, 부원군에 봉해지며 우의정에 오르는 등 개인적인 영광을 누렸다.

2. 단종복위운동

단종이 삼촌인 수양대군에 의해 폐위되자 집현전 학자였던 성삼문, 박팽년 등이 중심이 되어 단종의 복위를 시도하였던 일을 가리킨다.

3. 유응부 (?~1456)

단종복위운동을 하다가 처참하게 죽은 사육신의 한 사람이다.

4. 하위지 (1412~1456)

세종 때의 집현전 학자이자 춘추관의 사관으로 《고려사》의 개찬에 참여하기도 하였다. 성삼문 등과 함께 단종복위운동에 힘쓰다가 잡혀 사형을 당하였다.

을 위해 목숨을 버리는 법이오. 나리께서는 그런 이치도 모르시오?"

"이, 이런 죽일 놈을 봤나?"

그때 옆 형틀에 있던 유응부가 말했다.

"죽일 놈이라니! 왕위를 찬탈한 네놈이 바로 죽일 놈이지, 어째서 우리가 죽일 놈이더냐?"

세조가 박팽년을 돌아보며 말했다.

"박팽년이 너도 같은 생각이냐?"

박팽년이 세조를 똑바로 쳐다보며 대답했다.

"물론이오. 지금이라도 이 오랏줄을 풀어주면 나리의 목줄을 끊어놓을 것이오."

그렇게 대궐에서 국문이 이어지고 있던 시간, 함께 거사를 도모했던 유성원[7]과 허조[8]는 어차피 잡혀 죽을 것을 알고 집에서 자결을 하였다.

그로부터 며칠 뒤, 단종의 복위를 꾀했던 사람 중에 박팽년은 너무 많이 맞아 옥에서 죽었고, 나머지 사람들은 군기감 앞에서 극형에 처해졌다. 형벌은 사지를 찢어 죽이는 능지처참이었다.

이 사건으로 17명이 죽임을 당하였고, 상왕이었던 단종은 반역을 충동질했다는 죄를 뒤집어쓰고 노산군으로 강등되어 영월로 유배되었다. 이때 사건을 주도했던 인물인 성삼문, 박팽년, 이개, 하위지, 유성원, 유응부 등 6명을 사육신이라고 부른다.

사육신 외에도 단종의 복위를 꿈꾼 사람은 또 있었다. 세종의 여섯 번째 아들이자, 세조의 친아우이며 단종의 숙부였던 금성대군이었다.

금성대군은 성격이 곧고 의리를 알며, 불의를 보면 참지 못하는 성격이었다. 단종이 왕위에 올랐을 때는 목숨을 바쳐 조카를 지켜주려고 했고, 세조가 왕위를 찬탈했을 땐 끝까지 저항했다.

힘이 없던 그는 결국 경상도 순흥(경상북도 영주) 땅으로 유배되고 말았다. 하지만 그는 유배지에서도 동지를 물색했다. 동지를 찾고 있던 금성대군은 순흥의 부사 이보흠이 의리가 있고, 절개가 굳은 선비라는 말을 듣고 찾아갔다.

"나는 그대가 진정한 선비라고 믿고 있소. 그래서 내 속을 털어놓고자 하오."

이보흠은 이미 그가 무슨 생각을 하고 찾아왔는지 알고 있었다.

"이 몸도 기꺼이 목숨을 걸고 돕겠습니다."

그러나 그들의 대화를 은밀히 엿듣고 있는 자가 있었으니, 바로 이보흠의 노비였다. 그는 곧바로 한양으로 달려가 금성대

5. 김질 (1422~1478)
성삼문, 박팽년 등과 함께 단종복위를 위한 회합을 수차례 가지던 중 거사가 실패로 돌아갈 것을 감지하고, 장인인 정창손과 함께 세조에게 고변하여 단종복위운동에 나섰던 사람들을 모두 죽음으로 몰아넣은 장본인이다.

6. 별운검
2품 이상의 무관이 큰칼(운검)을 차고서 왕의 좌우에서 호위하던 임시 벼슬을 가리킨다.

> **7. 유성원** (?~1456)
>
> 단종복위운동을 하다가 죽은 사육신의 한 사람이다. 세종 때 집현전 학자로 의학서인 《의방유취》 편찬과 《고려사》 개찬, 《세종실록》, 《문종실록》 편찬에 참여하였다.

> **8. 허조** (?~1456)
>
> 세종 때의 대신인 허조와는 다른 인물이며, 사육신의 한 사람인 이개의 매부로 당시 집현전 부수찬이었다. 단종복위운동에 가담하였다가 김질의 밀고에 의해 주모자들이 끌려가자 스스로 목숨을 끊었다.

군과 이보흠이 역적 모의를 하고 있다고 고발했다.

한명회는 그 소리를 듣고 회심의 미소를 지었다.

"이제 눈엣가시 같은 어린 놈을 죽일 기회가 왔구나."

한명회가 말한 어린 놈이란 바로 단종을 의미하는 것이었다. 며칠 뒤에 이보흠과 금성대군은 역모 혐의로 붙잡혀 처형을 당했고, 영월에 유배되어 있던 단종도 역모를 공모한 혐의로 사약을 받고 죽었다. 이때가 1457년 10월이니, 단종의 나이 불과 17세였다.

이시애[9]의 난과 세조의 죽음

세조는 평소에 의심이 많고 반란에 대한 두려움이 컸기 때문에 신하들을 모두 자신의 측근들로 채웠다. 지금의 비서실에 해당되는 승정원의 승지들에는 한명회, 신숙주, 조석문 등 측근 신하들을 배치하고, 그들을 다시 판서를 겸직하게 했으니, 그야말로 철저한 측근정치였다.

그래도 세조는 안심이 되지 않았다. 혹시 저 북쪽 변방에서 누군가 군대를 이끌고 오면 큰일이라는 생각이 떠나지 않았던 것이다.

세조가 그처럼 북쪽에 대해 불안한 마음을 가지고 있었기 때문에 가급적 북쪽 출신에겐 관리 자리를 내주지 않았다.

세조의 그런 정책에 불만을 품은 사람이 있었으니, 바로 함길도에서 병마절도사를 지낸 장군 이시애였다.

이시애가 자신의 동생과 수하들을 불러놓고 말했다.

"태조대왕 때부터 우리는 늘 이곳 북방을 지키며 나라에 충성해왔는데, 지금 왕은 우리를 쫓아내려고 혈안이 되어 있어."

그러자 이시애의 동생 이시합이 맞장구를 쳤다.

"형님의 말씀이 옳습니다. 지금 왕은 우리가 얼마나 중요한 일을 하고 있는지 모릅니다. 그러니 이렇게 당하고만 있을 순 없지 않습니까?"

결국 이시애는 동생 이시합과 부하 장수들을 설득하여 반란에 동참시켰다. 그 후 이시애는 은밀히 군대를 끌어모았다. 그리고 모종의 계획을 짠 뒤, 경상도와 전라도, 충청도의 군대가 함길도 백성들을 몰아내기 위해 올라오고 있다는 유언비어를 퍼뜨리기 시작했다.

이시애가 퍼뜨린 유언비어는 순식간에 함길도 전역에 번졌다. 그 무렵인 1467년 5월, 이시애는 부하 장수들을 모아놓고 말했다.

"이제 됐다. 어서 강효문[10]의 목을 베거라."

강효문은 함길도의 군대를 책임지고 있는 함길도 절제사였다. 강효문을 죽인 이시애는 이어서 길주목사 설정신과 부령부사 김익수의 목을 쳤다. 그리고 급히 세조에게 강효문이 신숙주와 한명회 등과 반역을 도모하고 있기에 강효문을 죽이고, 그 수하인 설정신과 김익수도 함께 죽였다는 편지를 올렸다.

세조는 이시애의 말이 사실인지는 알 수 없지만, 일단 한명회와 신숙주를 가둬놓는 게 좋겠다고 판단했다. 그래서 우선

9. 이시애 (?~1467)

함경도 길주 출생으로 대대로 그곳에서 살아온 지방 호족 출신이다. 경흥진 병마절제사, 회령부사 등을 역임하였다. 세조 때에 아우, 매부와 함께 모의하여 반란을 일으켰다.

10. 강효문 (?~1467)

문종 1년에 과거에 급제해 관직에 나왔다. 평안도 도사로 재임 중에 세조가 즉위하자 원종공신에 책록되었다. 이시애의 반란이 일어나 그 일당에게 죽임을 당하였다.

한명회와 신숙주를 옥에 가두도록 했다.

그 무렵, 이시애는 군대를 모아놓고 이미 생각해둔 말들을 쏟아내고 있었다.

"지금 한명회와 신숙주가 지방의 군대와 결탁하여 전하를 시해하려 하고 있으니, 함길도 백성들은 나와 함께 역도들을 응징하러 가자!"

이시애가 꾸민 말은 어느새 사실처럼 되어버렸고, 함길도 도민들은 이시애를 적극적으로 도왔다.

한편, 세조는 이시애가 반란을 일으켰을 것이라고 추측하고 구성군 이준[11]을 병마도총사[12]로 삼아 토벌대 3만 명을 함길도로 보냈다.

그러나 이시애의 군대도 만만치 않았다. 이시애는 함길도를 장악한 뒤, 곧장 황해도까지 장악해 버렸다. 그리고 함길도 함흥에서 두 군대가 부딪쳤다.

그 뒤로 이시애 군대와 정부군은 수십 차례 싸우며 일진일퇴 공방을 계속했고, 그러는 사이에 훌쩍 4개월이 흘러갔다.

시간이 흐르자 물자가 부족한 이시애의 군대가 먼저 지쳤고, 그 틈을 이용해 정부군은 이시애 진영에 간첩을 들여보냈다.

이시애 진영으로 들어간 간첩은 허유례[13]라는 인물이었다. 허유례는 자기 아버지가 이시애 휘하에 있으니, 거짓으로 항복을 하고 들어가면 저들이 필시 속을 것이라고 장담했다.

허유례는 계획대로 이시애에게 거짓으로 항복을 했다. 이시애는 허유례가 자기 처조카였기 때문에 별로 의심하지 않았다. 그러자 허유례는 이시애의 부하들을 만나 그들이 속고 있음을 알리고 이시애를 죽이자고 설득하기 시작했다.

허유례의 설득에 넘어간 그들은 할 말이 있다며 이시애를 찾아가 칼을 들이대고 체포해 버렸다. 이시애의 거사는 이렇듯 허망하게 끝나버렸다.

허유례가 이시애를 잡아오자, 도총사 이준은 이시애의 목을 잘라 창끝에 꽂고 이시애를 따르던 백성들에게 이시애는 이미

11. 이준 (1441~1479)
왕실의 종친으로, 아버지가 세종의 넷째 아들 임영대군이다.

12. 병마도총사
전쟁이나 변란이 일어났을 때 임명하는 군대의 총사령관이다.

13. 허유례
함경도 길주 출신으로 이시애의 처조카이다.

148 조선사 이야기

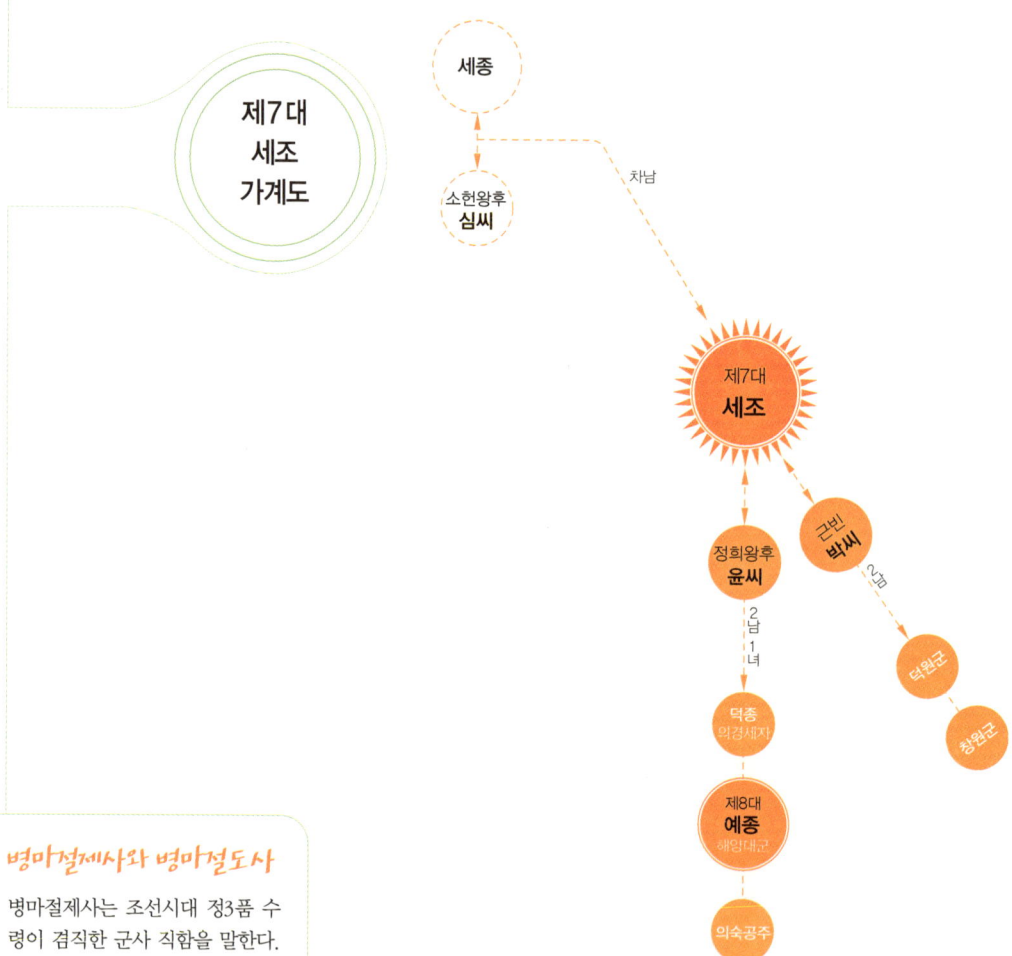

병마절제사와 병마절도사

병마절제사는 조선시대 정3품 수령이 겸직한 군사 직함을 말한다. 병마절제사와 유사한 명칭으로 병마절도사가 있다. 병마절도사는 종2품 벼슬로 처음에는 병마도절제사로 불리었다. 병마절도사는 각 도의 국방을 책임진다.

죽었다고 소리쳤다.

그 소리를 듣고 백성들이 뿔뿔이 흩어져 달아나니, 마침내 4개월 동안 지속되던 이시애의 난은 끝이 났다.

이준과 허유례의 활약으로 이시애의 난은 가까스로 진압했지만, 그때 세조의 건강은 극도로 악화되어 있었다.

세조는 1년여 동안 병상에 있다가 1468년 9월에 52세를 일기로 생을 마감했다.

　조카를 죽이고, 친형제를 죽인 끝에 오른 왕좌였지만, 왕위에 오른 지 불과 13년 3개월만에 죽었으니, 그 어떤 권력도 결국 세월 앞에 무릎을 꿇고 만 것이다.

　그를 이어 둘째 아들 예종이 왕위를 잇지만, 예종도 그때 이미 병이 깊어 죽음을 앞두고 있었으니, 정녕 현덕왕후의 저주로 세조의 아들들이 연달아 목숨을 잃었던 것일까?

세조의 생애

세조는 세종의 차남이며, 소헌왕후 심씨 소생이다. 1417년 9월 29일에 본궁에서 태어났으며, 이름은 유, 자는 수지다. 1428년에 진평대군에 봉해졌다가 함평대군으로 다시 봉해졌으며, 이후 진양대군으로 고쳐졌다가 다시 수양대군으로 고쳐졌다.

그는 얼굴이 특이하게 생겼으며, 성격이 담대하고 무예가 뛰어나 활쏘기와 말타기에 남다른 재주를 보였다. 하지만 이러한 무인적 기질은 어린 단종의 즉위로 정국이 불안해진 틈을 타 권력에 대한 집착으로 돌변했고, 급기야 왕위를 찬탈하는 지경에 이른다. 심지어 왕위에서 내쫓은 어린 조카는 물론이고 친동생인 안평대군과 금성대군을 모두 죽였으며, 문종의 왕비인 형수 현덕왕후의 무덤을 파헤치고 그녀의 일족을 모두 죽이는 패륜 행각을 자행했다.

그는 39세 때인 1455년 윤 6월 11일에 단종을 강압하여 상왕으로 밀어내고 형식적인 전위 절차를 밟아 왕위에 올랐다. 이후 그는 반란을 지나치게 염려한 나머지 사육신 사건 같은 대규모 숙청 작업을 감행하는 한편, 함께 반정을 도모했던 혁명 동지인 한명회, 신숙주 등을 위주로 철저한 측근정치를 실시하여 조선의 정치 문화를 크게 후퇴시켰다. 거기다 세종시대를 황금시대로 만든 원동력으로 평가되는 집현전을 폐지하고 정치 토론장이자 제왕 교육장인 경연을 중지하였다. 또 재상 정치의 요람인 의정부서사제를 폐지하고 왕의 영향력이 훨씬 강하게 작용하는 육조직계제를 부활함으로써 매우 독선적인 정치 행보를 보였다.

이후 13년 3개월간 재위하다가 1468년 9월 7일에 예종에게 선위하고, 다음 날인 8일에 52세를 일기로 생을 마감했다.

명나라에서 그에게 혜장이라는 시호를 내렸으며, 조선에서는 묘호를 세조라고 올렸다. 이에 여러 시호와 존호가 추가되어 정식 칭호는 '세조혜장승천체도열문영무지덕융공성신명예흠수인효대왕(世祖惠莊承天體道烈文英武至德隆功聖神明睿欽肅仁孝大王)'이다.

능은 양주 동편 주엽산(남양주시 진접면 부평리)에 마련되었으며, 능호는 광릉이다.

세조는 정비 1명과 후궁 1명을 두었다. 정비 정희왕후에게서 2남 1녀를 얻었고, 후궁 근빈 박씨에게서 2남을 얻었다.

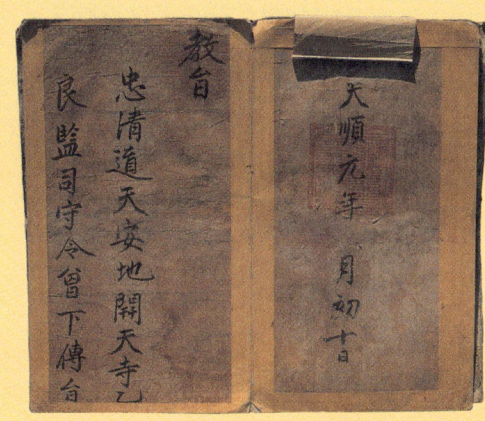

세조의 교지

세조가 천안의 광덕사에 내린 교지. 교지는 왕이 신하에게 관직, 토지, 노비 등을 내려 주는 명령서이다.

천안 광덕사

세조의 왕비

정희왕후 윤씨 (1418~1483)

정희왕후 윤씨는 태종의 왕비 원경왕후 민씨와 더불어 조선의 왕비 중에서 여장부로 통하던 인물이다.

그녀는 파평 윤씨 번의 딸이며, 1418년 11월 11일에 홍주 군아에서 태어났다.

1428년에 당시 진평대군이던 세조와 가례를 올려 낙랑대부인에 책봉되었으며, 1455년에 수양대군이 단종을 내쫓고 왕위를 찬탈하자, 왕비에 책봉되었다.

수양대군이 김종서를 제거하고 정권을 장악한 계유정난을 일으킬 당시에 윤씨는 거사를 망설이는 남편을 독려했다고 전해지고 있다. 당시 수양대군은 음모를 진행하다가 정보가 누설되어 거사 계획을 취소하려 했는데, 윤씨가 직접 갑옷을 입혀주면서 거사를 결행할 것을 촉구했다는 것이다.

하지만 막상 남편이 왕위에 오르고 자신이 왕비가 된 뒤엔 조용하게 지냈다. 세조가 철저한 측근정치로 독재를 일삼고 있었던 탓인지 그녀는 별다른 역할을 하지 않았다.

그러나 세조가 죽고, 어린 예종이 왕위를 잇게 되자, 그녀는 다시 여장부 기질을 발휘하여 편전에 발을 내리고 수렴청정을 단행하였으며, 예종이 일찍 병사하자, 당시의 최고 권력자였던 한명회와 결탁하여 덕종의 차남 성종을 왕으로 세우는 정치적 결단을 내리기도 했다. 어린 성종이 왕위에 오른 뒤엔 수렴청정을 하다가 성종이 성년에 이르자, 스스로 수렴을 거두고 물러났다.

섭정 당시 그녀는 과감하고 결단력 있는 태도를 보였고, 덕분에 왕권이 안정되고 조정이 평화로웠다.

1476년에 정치 일선에서 물러난 이후로 그녀는 일체 정치적 발언을 하지 않았으며, 그로부터 7년을 더 살다가 1483년 3월 30일에 온양의 행궁에서 66세를 일기로 세상을 떠났다.

그녀의 소생으로는 덕종(의경세자), 예종과 의숙공주가 있다.

능은 경기도 남양주에 있는 광릉으로 세조의 능과 함께 있다.

조선사 깊이 읽기

조선왕조실록은 어떻게 편찬되었나?

　조선왕조실록은 제1대 태조에서 제25대 철종까지 472년간의 역사를 연 월 일 순서에 따라 기록한 책으로, 총 1893권, 888책으로 이루어져 있습니다.

　그런데, 왜 고종과 순종은 빠져 있을까요?

　원래 실록이라는 것은 왕이 죽고 난 후에 쓰여지는 것인데, 고종과 순종은 우리나라가 일본에 나라를 빼앗긴 뒤에 죽었기 때문에 따로 실록청이 차려지질 않았습니다. 후에 일본 총독부에서 고종실록, 순종실록까지 만들었으나, 일본인들의 지시를 받고 만든 것이어서 고종실록과 순종실록은 따로 떼어서 말합니다.

　그렇다면 왕조실록은 어떤 경로를 거쳐 만들어질까요?

　실록 편찬에 이용되는 자료는 각 관청에서 보고한 문서를 연 월 일 순서로 정리해 놓은 〈춘추관 시정기〉와 사관들이 작성해둔 사초, 〈승정원 일기〉, 〈의정부 등록〉, 〈비변사 등록〉, 〈일성록〉 등입니다.

　실록은 3단계를 거쳐 완성되는데, 첫째는 각종 자료 중에 중요한 자료를 뽑아내어 초초를 작성합니다. 초초 가운데 빠진 것을 추가하고, 불필요한 내용을 삭제하고, 잘못된 내용은 수정하여 중초를 만듭니다. 마지막 단계는 총재관과 도청당상관이 중초에서 잘못된 것을 재수정하고 체제와 문장을 통일하여 정초를 작성합니다.

이렇게 세 번에 걸쳐 내용 점검을 받는 것은 만에 하나라도 잘못된 내용이 들어갈까 염려함과 동시에, 사실성과 객관성을 검증받기 위한 장치였습니다.

이렇게 완성된 실록은 전국에 있는 사고에 보관하고, 편찬에 이용했던 시정기와 사초, 그리고 초초와 중초는 기밀의 누설을 방지하고, 종이의 재생을 위하여 자하문 밖 시냇물에서 세초하였습니다. 세초란 종이를 빨아 다시 쓰는 것을 말합니다.

옛날 우리나라 한지는 굉장히 질기고 튼튼했기 때문에 물에 담그면 먹물만 쏙 빠져 나가고 하얀 종이로 되살아나 다시 쓸 수 있었습니다.

이렇게 완성된 실록은 정치의 잘잘못과 왕의 실정, 신하들의 장단점을 낱낱이 적은 것이기에 사관 이외에는 아무도 볼 수 없었습니다.

현재 실록은 정족산본, 태백산본, 적상산본 등 3부가 전해오고 있습니다. 이 중 규장각에 소장된 정족산본 실록은 임진왜란 때도 화를 입지 않은 가장 오래된 실록입니다.

조선왕조실록은 국보 151호로 지정되었으며, 1997년에는 유네스코 세계기록 문화유산으로 등록되었습니다.

세종실록

1454년(단종 2년)에 정인지 등이 엮은 세종 재위 32년 간의 실록이다.

규장각 소장

제8대 예종실록

조선왕조의 수렴청정을 시작하게 한

예종

예종시대의 세계 약사

예종이 즉위하던 1468년 독일에서는 서양 최초로 인쇄본을 간행한 구텐베르크가 세상을 떠났으며, 예종이 죽던 1469년에는 영국 작가 말로리가 《아더왕의 죽음》을 완성했다.

수렴청정을 하다

1468년 9월, 세조의 둘째 아들 예종이 즉위했다. 그는 19세밖에 되지 않았고 병이 깊어 늘 병상에 누워 있었기 때문에 제대로 정사를 처리할 수 없었다. 그 때문에 세조의 왕비인 정희대비가 수렴청정¹을 했다.

또한 세조는 죽기 전에 예종이 조정을 이끌 능력이 없다고 판단하여 원상제도라는 것을 마련해뒀다. 원상제도란 왕이 지명한 원로 대신들이 왕의 비서기관인 승정원에 매일 출근해서 나랏일을 의논하여 결정하고, 왕에게 형식적인 결재만 받는 제도였다.

세조가 원상으로 지명한 사람은 한명회, 신숙주, 구치관 세 사람이었다. 이들 세 사람이 정사를 의논하고 의결하면 정희대비가 그 내용을 들어보고 의견을 보탰고, 예종은 그 결과만 보고받는 형식이었다.

남이[2]를 죽이다

비록 왕위에 올랐지만, 병약하여 제대로 왕권을 행사할 수 없던 예종은 신경이 매우 날카롭고 의심이 많은 인물이었다. 신숙주와 한명회는 예종의 그런 성격을 이용하여 정적을 제거하려는 계획을 꾸몄다. 이시애의 난이 일어났을 때 남이가 공을 세워 병조판서가 되었는데, 아무래도 그것이 마음에 걸렸던 것이다.

남이는 태종의 부마 남휘의 아들이었다. 무예가 뛰어나고 용맹이 높아 세조는 그를 매우 총애했다. 하지만 세조의 사랑을 받지 못했던 예종은 남이에게 심한 질투심을 느끼고 있었다.

한명회와 신숙주는 곧 자기들과 한 패인 강희맹[3]과 한계희[4]를 예종에게 보냈다. 그들은 병조판서를 맡고 있는 남이가 세조의 총애로 너무 어린 나이에 병조판서의 자리에 올랐다고 말했다. 예종이 그 소리를 듣고 남이를 해임해 버렸다.

남이는 몹시 상심했다. 왕 주위에 온통 한명회와 같은 늙은 여우들만 가득하니, 장차 이 나라의 운명이 어찌 될까 걱정스럽기도 했다.

그러던 어느 날이었다. 밤하늘에 갑자기 혜성이 나타났다가 사라지는 것을 보고 남이가 한탄 섞인 목소리로 말했다.

---

1. 수렴청정
왕이 나이가 어릴 때 왕대비가 왕을 도와 정사를 돌보는 것을 말한다. 흔히 왕이 앉는 용상의 옆에 발을 쳐놓고 정사에 관여했다 하여 '발을 드리운다'는 뜻을 가진 '수렴'이란 말을 쓴 것이며, '청정'이란 수렴 뒤에서 왕대비가 조정의 일을 듣고 그에 관한 하교를 내린다는 뜻에서 쓴 말이다.

2. 남이 (1441~1468)
태종의 4녀 정선공주와 의산군 남휘의 아들로 알려졌으나, 정선공주가 세종 6년에 죽은 것으로 미루어 볼 때 남이는 후실의 소생이었거나 후에 정선공주의 양자로 입적된 것으로 보인다. 세조 3년에 무과에 장원급제하여 세조의 총애를 받았다. 이시애의 난을 진압하고 여진족을 토벌하여 병조판서에 오르지만, 유자광의 모함으로 반역자로 몰려 죽었다.

3. 강희맹 (1424~1483)
화가였던 강희안의 동생으로 세종의 이종조카이다.

4. 한계희 (1423~1482)
세종시대에 과거에 급제하여 집현전 학자로 있었다. 세조 즉위 후에 세조의 두터운 신임을 얻어 세자의 스승이 되었다가 이조판서까지 올랐다.

5. 유자광 (?~1512)
세조 13년에 이시애의 난이 일어나자 자원하여 출정했다가 공을 세우고 돌아와 세조의 총애를 받았다. 모사에 능하고 계략에 뛰어났던 그는 왕의 사랑을 더 받는 자가 있으면 반드시 모함하여 내쫓았으며, 힘있는 자에게 붙어 권력을 도모하였다. 후대에 그는 대표적인 간신이자 나라를 어지럽힌 난신으로 평가되었다.

"혜성이 나타남은 묵은 것을 몰아내고 새로운 것을 받아들일 징조인데……."

그런데 이 말이 화근이었다. 하필 그 자리에 유자광[5]이라는 인물이 함께 있었는데, 그는 모사꾼에다 출세욕에 불탄 인물이었다.

유자광도 남이와 함께 이시애의 난을 평정한 공으로 등용되었지만, 서자 출신이었기 때문에 남이만큼 큰 벼슬을 하진 못했다. 그 때문에 늘 남이에 대해 질투심을 느끼고 있던 터였다.

유자광은 입궐하여 예종을 만나 말했다.

"전하, 남이가 어제 혜성이 떨어지는 것을 보고 역모를 입에

담았나이다."

"뭣이? 역모!"

"그러하옵니다. 신이 두 귀로 똑똑히 들었사 온데, 남이가 말하길 '혜성의 출현은 곧 새로운 왕조가 나타날 징조이니, 왕이 창덕궁으로 옮기는 대로 거사를 일으키겠다'고 했나이다."

"그런 무엄한 놈이 있나! 여봐라, 당장 남이를 잡아들여라!"

유자광의 모함으로 졸지에 역적으로 몰린 남이는 의금부로 잡혀와 심한 고문을 받고 반송장이 되었다.

남이 장군 초상
남이 장군 사당 소장

또한 남이의 부하 민서와 친구 문효량도 잡혀와 심한 고문을 당했다. 그들은 모두 이시애의 난을 진압한 장수들이었다.

의금부에서는 그들에게 함께 역모를 도모한 자들을 말하라고 고문을 가하였고, 문효량은 역모를 도모한 적이 없다고 버티다가 고문을 이기지 못하고 거짓 실토를 했다. 그는 남이와 함께 역모를 도모했으며, 왕이 세조대왕의 능을 찾아갈 때 함께 죽이기로 약조했다고 했다.

그쯤 되자, 남이는 이미 살 수 없음을 알고 영의정 강순[6]도 역모에 가담하기로 했다고 거짓 진술했다. 남이가 강순을 끌어들인 것은 강순이 같은 무장 출신이며 재상의 직위에 있으면서도 자신을 구해 주지 않은 것에 대한 분풀이였다.

6. 강순 (1390~1468)
조선 초기의 무장이자 재상으로 문종 때부터 북방의 방어와 야인을 다스리는 데 전념하였다. 유자광의 모함으로 비롯된 남이의 옥사에 연루되어 목숨을 잃었다.

조선사 이야기

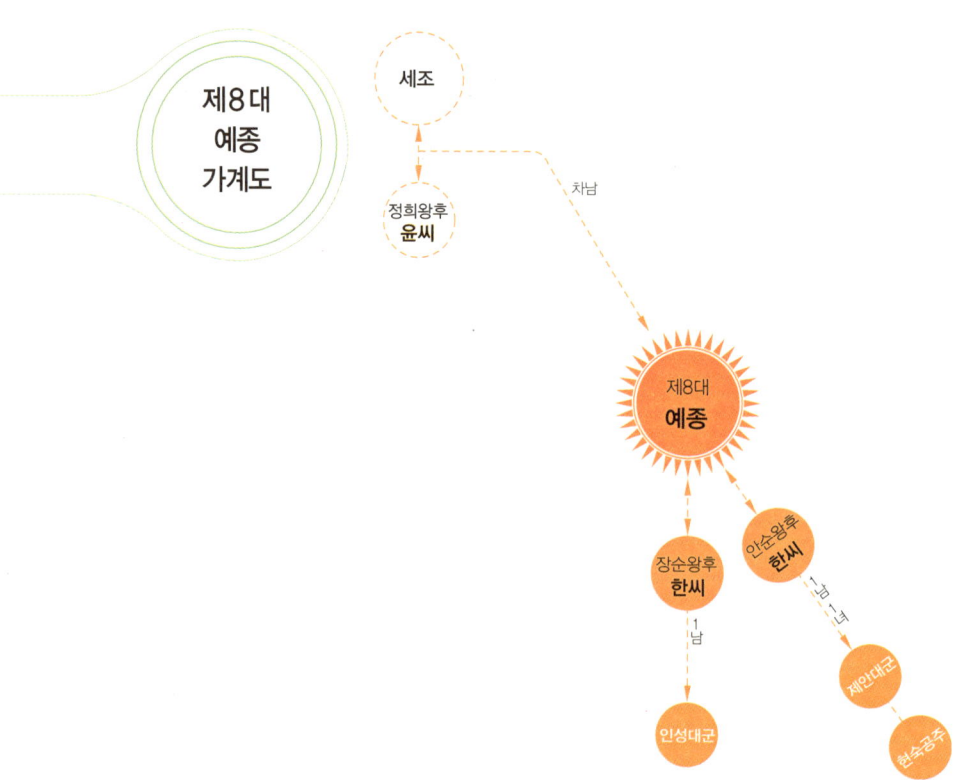

결국, 이 사건으로 남이는 물론이고 영의정 강순과 그들과 친분이 있던 수십 명의 무장들이 함께 처형되었다. 훗날 밝혀진 일이지만, 이것은 모두 유자광이 날조하여 만들어낸 조작극이었다.

이 사건이 끝난 지 얼마 되지 않아 예종도 병이 악화되어 20세의 어린 나이로 세상을 떠났다.

예종의 생애

예종은 세조의 차남이며, 정희왕후 윤씨 소생이다. 1450년 1월 1일에 사저(개인의 집)에서 태어났으며, 이름은 황, 자는 명조이다.

그는 처음에 해양대군에 책봉되었다가, 1457년에 형 의경세자가 죽자 8세의 어린 나이로 세자에 책봉되었고, 1468년 9월 7일에 세조의 선위로 왕위에 올랐다.

즉위 당시 19세였던 그는 정희왕후의 수렴청정을 받아야 했고, 신숙주와 한명회, 구치관 등으로 구성된 원상들의 결정에 따라 움직여야 했다. 원상제도란 재상들이 승정원에 출근하여 국정을 의논하고 결정하는, 신하에 의한 섭정 제도였는데, 이는 예종의 업무 수행 능력을 신뢰하지 못한 세조가 죽기 전에 마련해 둔 것이었다.

이런 두 가지 형태의 정치적 보조 장치를 바탕으로 예종은 14개월이라는 짧은 기간 동안 재위했다.

치세 중에 '남이의 역모 사건'이 발생하여 남이를 비롯한 많은 신하들을 처형하였고, 이 사건이 종결된 지 얼마 되지 않은 1469년 11월 28일에 20세의 젊은 나이로 세상을 떠났다.

명나라에서 양도라는 시호가 내려졌고, 조선에서는 묘호를 예종이라 올렸다. 여기에 여러 시호와 존호가 보태져 정식 칭호는 '예종양도흠문성무의인소효대왕(睿宗襄悼欽文聖武懿仁昭孝大王)'이다.

능은 경기 고양 용두동(서오릉)에 마련되었으며, 능호는 창릉이다.

예종은 정비 장순왕후 한씨와 계비 안순왕후 한씨 두 명의 부인을 두었으며, 이들에게서 2남 1녀를 얻었다.

장순왕후 한씨 (1445~1461)

장순왕후 한씨는 청주 한씨 명회의 딸이다.

1445년 1월 16일에 태어났으며, 1460년에 세자로 있던 예종과 가례를 올려 세자빈에 책봉되었다.

그녀가 세자빈에 책봉된 것은 세조와 한명회의 동지적 관계에서 비롯된 것이다.

이듬해 인성대군을 낳았으나 산욕으로 건강이 악화되어 17세의 어린 나이로 죽었다.

1472년에 성종에 의해 장순왕후로 추존되었다.

능은 경기도 파주에 마련되었으며, 능호는 공릉이다.

안순왕후 한씨 (?~1498)

　안순왕후 한씨는 청주 한씨 백륜의 딸이다. 언제 태어났는지는 분명하지 않고, 생일은 3월 12일이다.
　처음에 그녀는 세자의 후비로 뽑혀 소훈(종5품)에 책봉되었다가 1462년에 세자빈에 간택되었다.
　1468년에 예종이 왕위에 오르자, 왕비가 되었다.
　예종이 죽은 뒤인 1471년에 인혜대비에 봉해졌고, 1497년에 다시 명의대비로 개봉되었다.
　1498년 12월 23일에 창경궁에서 죽었다.
　그녀는 제안대군과 현숙공주를 낳았다.
　능은 경기도 고양 서오릉의 창릉이며, 예종과 함께 묻혔다.

제9대 성종실록

태평 성대를 이룩한 성종

성종시대의 세계 약사

유럽은 1474년 이탈리아의 토스카넬리가 처음으로 세계지도를 제작한 것에 힘입어 콜럼버스, 바르톨로뮤 디아스 등이 새로운 신대륙을 찾아나서는 시기였다. 콜럼버스는 1492년에 아메리카에 도착하여 1494년에 서인도제도의 자메이카 섬을 발견했고, 디아스는 1488년에 희망봉을 찾아냈다.
한편 이 시기는 종교사적으로 로마교회가 면죄부를 발행해 중세시대의 종교가 위기를 맞고 있던 때였다.

쫓겨나는 왕비와 성종시대의 태평성대

예종이 죽었지만, 정희대비는 아무에게도 그 사실을 알리지 않았다. 아직까지 후계자가 결정되지 않았기 때문이다. 예종에겐 4살짜리 어린 아들이 하나 있었는데, 바로 제안대군이다. 그러나 정희대비는 제안대군이 너무 어려 왕위에 앉힐 수 없다고 판단하고, 죽은 의경세자[1]의 큰아들 월산군[2]을 왕위에 앉히려 했다. 하지만 한명회가 강력하게 반대했다. 한명회는 자을산군이 왕위에 올라야 한다고 주장했다.

자을산군은 월산군의 동생이었다. 또한 한명회의 사위이기도 했다. 정희대비는 한명회가 왕위까지 마음대로 정하는 것이 불만이었지만, 왕실의 안녕과 정치의 안정을 위해 자을산군을 왕위에 앉히고 자신이 수렴청정을 했다.

이렇게 해서, 예종이 죽은 바로 그날에 13세의 어린 자을산군이 왕위에 올랐으니, 그가 바로 성종이다.

한명회는 그렇게 딸을 왕비로 삼아 왕의 장인이 되었지만, 불행히도 한명회의 딸 공혜왕후는 1474년에 19세의 어린 나이로 죽고 말았다. 그러자 성종은 후궁으로 있던 윤기견의 딸을 왕비로 삼았는데, 그녀가 바로 훗날 폭군이 되어 쫓겨나는 연산군의 어머니다.

윤왕후는 질투가 심하여 성종이 다른 후궁을 가까이 하는 것에 대해 몹시 화를 내곤 했다.

당시 성종이 총애하던 후궁은 윤숙의[3]였다. 윤숙의는 윤호[4]의 딸로 훗날 왕위에 오르는 중종의 어머니다.

윤왕후가 훗날 연산군이 되는 원자[5]를 낳은 지 1년쯤 지난 어느 날이었다. 질투심에 불탄 윤왕후는 성종의 총애를 받는 후궁들을 독살시킬 결심을 하고 몰래 비상(청산가리)을 구해다 숨겨뒀다.

후궁들을 죽이기만 하면 성종이 자신을 다시 찾을 것이라고 굳게 믿고 있던 윤왕후는 후궁들을 죽일 묘안을 생각했지만, 마땅한 방법이 떠오르지 않았다.

그런데 그녀가 비상으로 후궁들을 죽이려 한다는 사실이 성종에게 알려지고 말았다.

성종은 중전의 방으로 갑자기 찾아와 서랍들을 마구 뒤졌다. 그리고 작은 주머니와 상자 하나를 발견하고 꺼내보았다.

1. 의경세자 (1438~1457)
세조의 맏아들이며, 정희왕후 윤씨 소생이다.

2. 월산군 (1454~1488)
세조의 세자였던 의경세자(덕종)의 장남이며, 성종의 형이고, 이름은 정이다. 1460년에 월산군에 책봉되고, 1468년에 동생 자을산군이 왕위에 오르면서 월산대군으로 책봉되었다.

3. 윤숙의
훗날의 정현왕후 윤씨이며, 중종의 어머니다. 숙의라는 것은 후궁에게 내려지는 작위이며, 품계는 종2품이다.

4. 윤호 (1424~1496)
정현왕후 윤씨의 아버지다. 1476년에 문과 병과로 급제하여 벼슬길에 올랐고, 점차 벼슬이 올라 병조참판에 이르렀을 때, 그의 딸이 성종의 왕비가 되었다.

5. 원자
왕의 큰아들을 의미하며, 대개 왕위를 이을 왕자를 지칭한다.

성종이 주머니를 뒤져 꺼낸 것은 비상덩어리였다. 그리고 상자 속에는 누군가를 저주할 때 사용하는 주문 책이 들어 있었다.

성종이 화를 내며 소리를 질렀다.

"이, 이런! 설마 했더니, 사실이었어. 도대체 이런 것들이 어디서 났소?"

윤왕후는 당황하여 어쩔 줄을 몰랐다.

"삼월이가 구해다 준 것입니다."

"비상은 어디다 쓰려 했으며, 또 이 요사스런 책은 어디에 쓰려 한 것이오?"

"저는 모릅니다. 그저 삼월이가 구해다 주기에 간직했던 것뿐입니다."

"그래도 잘못을 뉘우치지 않고 변명만 늘어놓다니!"

화가 난 성종은 곧 시녀 삼월이를 교수형에 처하고, 윤왕후를 빈으로 강등시켜 버렸다. 하지만 그 뒤에 원자가 가엾다는 생각이 들어 윤왕후를 용서하고 다시 중전에 앉혔다.

그 뒤로 윤왕후의 질투심은 한층 심해졌다. 이제 왕에 대해 배반감까지 느끼며 울분을 토했다. 그러던 어느 날이었다. 윤왕후는 자기를 찾아주지 않는 왕에 대해 몹시 분개하며 성종의 처소로 찾아갔다.

6. 인수대비 (1437~1504)

세조의 큰며느리이자 성종의 어머니인 소혜왕후 한씨로, 한확의 딸이며 한치인의 누이동생이다. 성종의 계비 윤씨를 폐비시켰으며, 후에 연산군이 폐비 사건에 관계한 사람들에게 박해를 가하려 하자 이를 꾸짖으며 만류하기도 했다. 하지만 병상에 있던 인수대비의 꾸지람을 참지 못한 연산군은 머리로 그녀를 들이받았고 그 며칠 뒤인 1504년 4월 27일에 68세를 일기로 생을 마쳤다.

왕을 만나자 윤왕후는 다짜고짜 왕을 껴안았다. 그러자 성종이 윤왕후를 떼어내려고 안간힘을 썼다. 하지만 윤왕후는 왕을 안고 놓아주지 않았다.

성종과 윤왕후는 밀고 당기면서 실랑이를 벌였는데, 성종이 윤왕후를 떼어놓으려 하자 윤왕후는 목을 끌어안으려 했다. 그때 성종이 몸을 피하면서 뒤로 물러났는데, 윤왕후의 손톱이 성종의 얼굴을 긁어버렸다.

성종이 불같이 화를 내며 고함쳤다.

"이, 이런! 무엄하게 감히 용안(왕의 얼굴)에 손톱자국을 내다니! 썩 물러가지 못할까!"

이 사건은 곧 인수대비[6]의 귀에 들어갔다.

인수대비는 이번에는 절대 용서할 수 없다며 단단히 별렀다.

한편, 성종은 편전에 신하들을 모아놓고 윤왕후를 폐위하겠다고 공언했다. 여러 대신들이 원자의 앞날을 생각하여 참으라고 했지만, 성종은 기어코 윤왕후를 폐위하여 궁궐 밖으로 쫓아냈다. 그리고 윤숙의를 중전에 앉혔다.

그로부터 7개월 뒤, 성종은 친정에서 살고 있던 윤왕후에게 사약을 내렸다.

윤왕후를 죽인 뒤, 성종은 엄명을 내렸다.

7. 《동국여지승람》

1481년(성종 12년) 50권으로 편찬된 지리서다. 내용은 1477년에 편찬한 《팔도지리지》에다 《동문선》에 수록된 동국문사의 시문을 첨가한 것이다.

8. 《동국통감》

성종의 명에 따라 서거정 등이 신라 초부터 고려 말까지의 역사를 편찬한 사서로, 총 56권 28책으로 이루어져 있다.

168 조선사 이야기

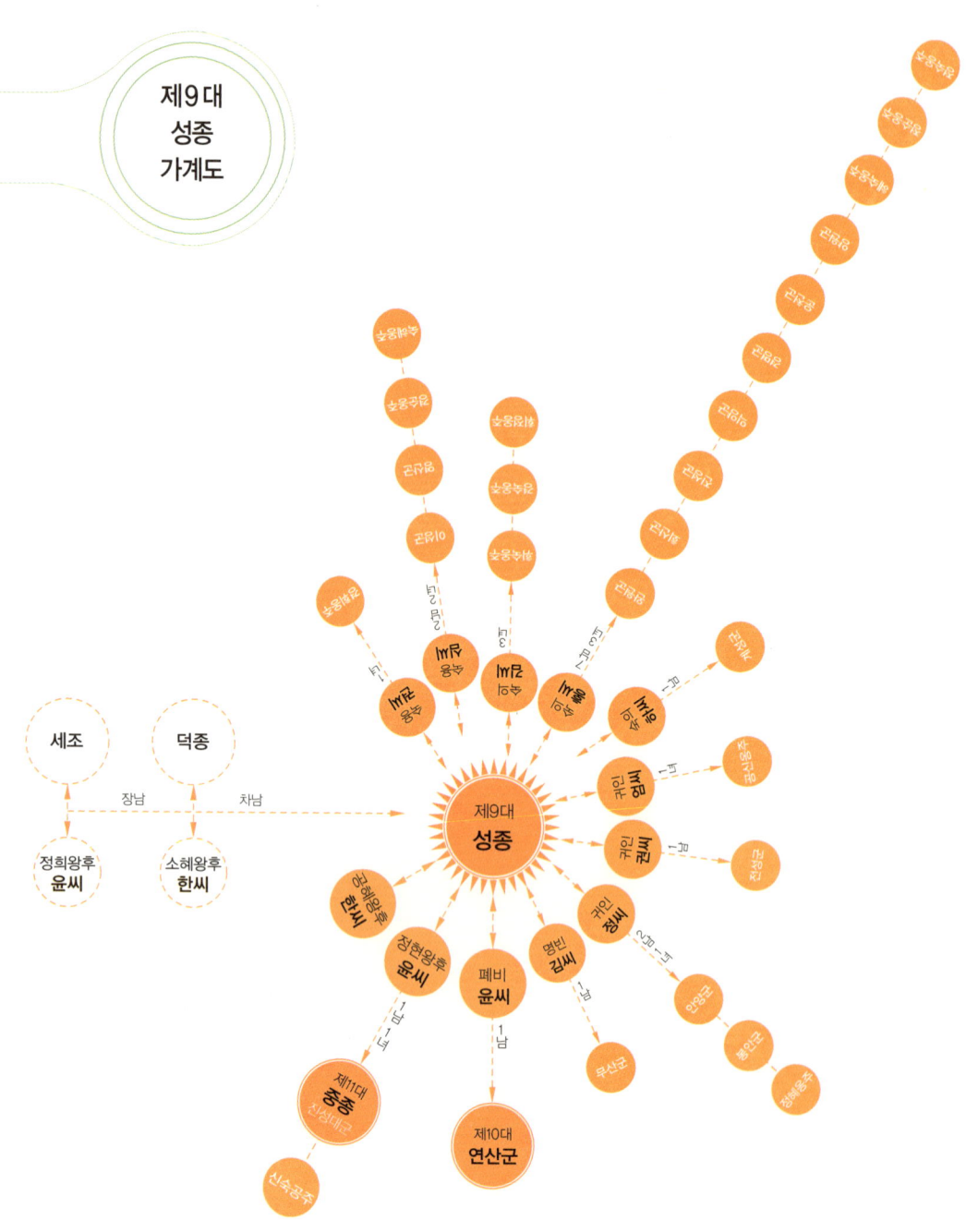

"앞으로 백 년 동안 이 일을 아무도 입에 담지 마라. 만약 입에 담는 자가 있으면 죽음을 면치 못할 것이다."

후에 윤왕후의 아들 연산군이 이 사건의 내막을 알게 되면서 궁궐에 피바람이 불게 되는 것이다.

비록 이렇게 왕비 문제로 잠시 조정이 혼란스럽긴 했지만, 성종시대는 매우 태평했다. 성종은 명민하여 늘 뜻있고 학문이 높은 선비를 곁에 뒀다. 반면에 늙고 간악한 대신들은 멀리하여 조정을 안정시켰다.

성종은 성리학에 심취하여 학자보다 깊이 공부하였고, 젊은 학자들에게 휴가를 줘서 많은 책을 편찬하게 했다. 이때에 편찬된 책으로 노사신 등이 주축이 되어 만든 《동국여지승람》[7]을 비롯하여 서거정의 《동국통감》[8], 《삼국사절요》[9], 《동문선》[10], 그리고 성현의 《악학궤범》[11] 등이 있다.

조선 초기부터 100여 년간에 걸쳐 반포된 여러 법전을 총망라하여 국가 통치의 기본 법전으로 삼은 《경국대전》도 바로 이때에 완성되었다.

국방에 있어서는 압록강 건너 야인들을 토벌하였고, 남방의 왜구들도 노략질을 하지 못하도록 엄하게 단속했다.

덕분에 성종 재위 25년간은 조선 역사에서 가장 태평한 시대였다. 하지만 안타깝게도 성종은 1494년에 38세의 나이로 생을 마감했다. 왕위에 오른 지 25년 만이었다. 그를 이어 쫓겨난 왕비 윤씨의 아들 연산군이 왕위에 올랐고, 조선에는 이제 한바탕 피바람이 예고되었다.

9. 《삼국사절요》
원래 신숙주가 거의 완성했으나, 그가 미처 완성을 이루지 못하고 죽자 노사신을 주축으로 하여 서거정, 이파, 김계창, 최숙정 등이 완성시켰다.

10. 《동문선》
1478년 성종의 명으로 편찬된 우리나라 역대의 시문 선집으로, 총 130권으로 되어 있는 방대한 문학 총서이다.

11. 《악학궤범》
조선시대의 의궤와 악보를 정리하여 성현 등이 편찬한 악서이다.

성종의 생애

성종은 세조의 장자 의경세자(덕종)의 차남이며, 소혜왕후(인수대비)의 소생이다. 1457년 7월 30일에 세자궁에서 태어났으며, 이름은 혈이다. 태어난 지 2달도 못 되어 아버지 의경세자가 죽자 세조의 보살핌 아래 궁중에서 키워졌으며, 처음엔 자산군에 봉해졌다가 나중에 자을산군으로 다시 봉해졌다.

그는 지혜와 용기가 뛰어났고 도량과 기개를 갖추어 세조의 총애를 받으며 자랐다. 학문에 관심이 깊어 스스로 도학자로 살기를 원했으며, 재위 내내 도학정치를 추구하며 뛰어난 선비들을 늘 곁에 두고 정사를 이끈 덕분에 태평성대를 이룰 수 있었다.

그가 왕위에 오른 것은 13세 때인 1469년 11월 28일이었다. 당시 조정이 종실(왕의 친족)의 장손인 월산대군을 택하지 않고 그를 왕위에 올린 것은 한명회의 영향력에 의한 것이었다. 세조의 왕비 정희왕후는 죽은 맏아들 의경세자의 자식으로 왕위를 잇길 원했는데, 서열상으론 당연히 월산대군이 왕이 되어야 했으나 한명회는 자신의 사위인 자을산군(성종)을 밀었던 것이다.

한명회와 정희왕후의 결탁에 의해 왕위에 오른 성종은 성년이 될 때까지 대비의 수렴청정을 받았으며, 한편으론 정승들이 승정원을 지배하는 구조인 원상제도의 틀 속에서 신하들의 섭정을 받아야 했다. 대비와 신하들에 의해 지속된 7년의 섭정 기간 동안 성종은 제왕 수업을 부지런히 하여, 성년이 된 뒤에는 성리학 이념을 바탕으로 도학정치를 실시하여 조선의 정치를 크게 향상시켰다.

성종의 도학정치를 이끌어낸 세력은 김종직을 위시한 사림들이었는데, 덕분에 성종시대를 시작으로 사림들의 정치 참여가 본격화될 수 있었다.

성종은 25년 1개월간 왕위에 있다가 1494년 12월 24일 창덕궁의 대조전에서 38세를 일기로 생을 마감했다.

명나라 조정에서 강정이라는 시호를 내렸고, 조선 조정에서는 성종의 묘호를 올렸다. 그의 묘효에 '이룰 성(成)' 자가 들어간 것은 성종시대에 조선의 국법인 경국대전 편찬이 완료되어 나라의 근간이 되는 법 체계가 완성되었고, 정치, 경제, 문화적으로 성숙하여 태평성대를 일궈냈기 때문이다. 여기에 여러 시호와 존호가 추가되어 정식 칭호는 '성종강정인문헌무흠성공효대왕(成宗康靖仁文憲武欽聖恭孝大王)'이다.

능은 광주 서학당동(지금의 서울 강남구 삼성동)에 마련되었으며, 능호는 선릉이다.

성종은 정비 3명과 후궁 9명을 뒀으며, 적자, 적녀 2남 1녀와 서자, 서녀 14남 11녀를 얻었다.

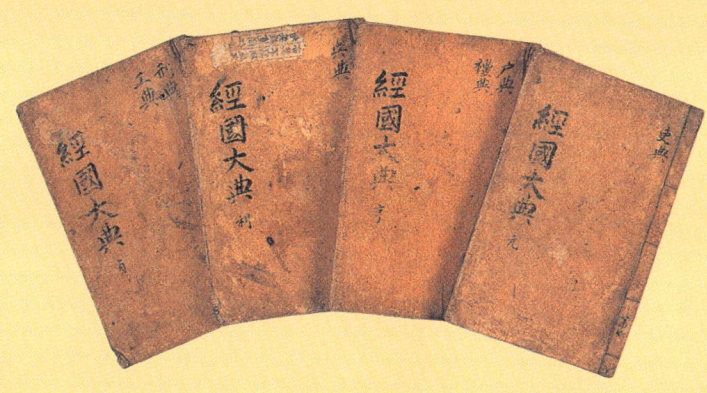

《경국대전》
조선시대 통치의 기본 법전.
국립중앙도서관 소장

공혜왕후 한씨 (1456~1474)

성종의 첫 번째 왕비인 공혜왕후는 청주 한씨 명회의 딸이다. 그녀는 아버지 한명회와 정희왕후의 결탁에 의해 왕비에 올랐다.

한명회는 첫째 딸을 예종에게 시집보내고 둘째 딸을 자을산군에게 시집보냈다. 예종이 요절하자, 덕종의 장남인 월산대군을 왕으로 세우려는 정희왕후의 의견에 반대하고 자신의 사위 자을산군을 왕으로 세울 것을 주장했다. 한명회의 주장에 밀린 정희왕후는 자을산군을 왕으로 세우고 대신 한명회로 하여금 왕실을 보호해 주도록 요청한 것이다.

하지만 그녀도 언니와 마찬가지로 일찍 죽어 한명회에게 슬픔만 가중시켰다.

그녀는 1456년 10월 11일에 연화방의 사저(개인의 집)에서 태어났으며, 1467년 12세의 나이로 한 살 어린 자을산군과 가례를 올렸다. 1469년에 자을산군이 왕위에 오르자 왕비에 책봉되었다. 하지만 1474년 4월 15일에 19세의 어린 나이로 소생 없이 죽었다.

능은 경기도 파주에 마련되었으며, 능호는 순릉이다.

폐비 윤씨 (?~1482)

연산군의 어머니인 윤씨는 봉상시 판사를 지낸 윤기견의 딸로 본관은 함안이다. 그녀는 1473년에 숙의에 책봉되었는데, 당시 17살이던 성종보다 나이가 몇 살 위였다. 성종의 남다른 총애를 받던 그녀는 1474년에 공혜왕후가 죽자 졸지에 왕비가 되었다. 이 해에 그녀는 세자 융(연산군)을 낳았고, 그것이 그녀의 입지를 크게 강화시켰다.

후궁으로서 왕비가 된 그녀는 질투심이 강했다. 왕이 다른 궁녀를 찾으면 그녀들을 죽이기 위해 비상을 숨겨놓기도 하고, 저주하는 주문을 외우는 일도 있었다. 심지어 왕이 다른 후궁을 찾으면 질투심을 이기지 못하고 용안에 손톱자국을 내는 사건을 일으키기도 했다.

이 일로 인수대비의 미움을 받아 궁궐에서 내쫓겼고, 친정에서 지내던 그녀는 결국 1482년에 사사(독약을 내려 스스로 죽게 함)되고 말았다.

조정에선 세자의 생모라 하여 살려둘 것을 청하는 신하도 있었으나, 대세는 이미 그녀를 죽이는 것으로 결론난 상태였다. 성종은 그녀를 살려 주기 위해 몇 번이나 사람을 보내 그녀가 어떻게 지내는지 알아오도록 했는데, 그때마다 인수대비와 후궁들이 힘을 합해 그녀를 몰아세웠고, 성종은 그녀가 반성의 빛을 전혀 보이지 않는다며 죽일 것을 결심했던 것이다.

성종은 그녀에 관한 일을 일체 발설하지 못하도록 금언령을 내렸고, 세자 융도 생모의 존재를 알지 못하고 자랐다.

하지만 연산군이 등극한 뒤에 임사홍 등이 그녀의 존재를 연산군에게 알렸고, 그것이 화근이 되어 갑자사화가 일어났다. 또한 당시 윤씨 폐출에 가담한 정귀인 등의 성종의 후궁들과 그 자손들이 살해되었고, 인수대비도 손자인 연산군의 머리에 받쳐 중상을 입었다. 결국 그것이 원인이 되어 죽는 사태가 발생했다.

폐비 윤씨의 묘는 경기도 장단에 마련되었으며 성종은 그곳에 '윤씨지묘'라는 묘비명을 내리고 장단도호부사로 하여금 절기마다 제사를 지내게 하였다.

연산군이 즉위한 뒤에 그녀를 제헌왕후에 추존하고, 묘도 회릉으로 개칭하였다. 그러나 1506년 중종반정으로 연산군이 폐위되자 윤씨의 관작이 박탈되고 다시는 신원(죽은 사람의 벼슬과 명예를 회복시켜 주는 것)되지 못했다.

정현왕후 윤씨 (1462~1530)

정현왕후는 연산군의 생모 윤씨가 폐출된 덕에 왕비에 오른 여인이다. 후궁 출신으로 성종의 총애를 받았는데, 폐비 윤씨는 그녀를 몹시 미워했다. 그녀 또한 윤씨 폐출에 깊숙이 관여했고, 성종이 폐비를 용서하고 복위시키려고 하자, 인수대비와 함께 강력하게 반대하기도 했다. 그러나 그녀는 폐비의 아들 융을 친자처럼 키웠고, 연산군 역시 그녀가 생모인 줄 알고 자랐다.

그녀는 윤호의 딸이며 본관은 파평이다. 1462년 6월 26일 신창의 관아에서 태어났으며, 1473년에 12세의 나이로 성종의 후궁으로 들어가 숙의에 봉해졌다. 1479년 성종의 두 번째 부인이자 연산군의 어머니인 윤씨가 폐출되자, 1480년 11월에 왕비에 책봉되었다. 이후 성종이 죽자, 1497년에 자순대비에 봉해졌다.

1506년에 중종반정이 일어났을 때, 박원종의 의견을 받아들여 진성대군(중종)을 즉위시키는 것을 허락하였고, 중종 즉위 이후에도 경빈 박씨와 복성군의 죽음 등에도 깊이 관여하였다.

1530년에 69세를 일기로 생을 마감하였다.

소생으로는 중종과 신숙공주가 있다.

능호는 선릉으로 성종의 묘와 함께 서울 강남구 삼성동에 있다.